酒のさかな

高橋みどり

筑摩書房

酒のさかな

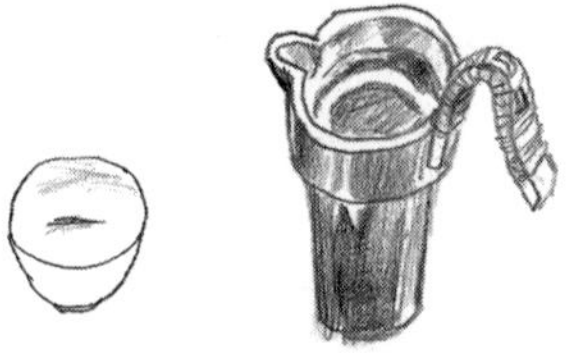

はじめに

ごはんのおかずなら、ひとくちたべればつぎに、ふっくらと炊けたごはんがほしくなる。酒の肴はといえば、そのひと皿を見ただけでお酒ごころがくすぐられる。口にふくめば、おのずとお酒に手がのびる。やっぱりこれで、水でもなけりゃお茶でもない、よかったお酒がのめて……と思う瞬間である。

はじめて入った店、あこがれていたおとなたちの集まるところ、小さなのみ屋でたべた酒の肴。うちでたべているごはんのおかずとは全然ちがう、これだけ？　と思うほどの、けれどそのたたずまいがうつくしいと感じた。たべてまた、そっけないと感じるくらいなのにうまさがのこる。このうまさにあったお酒がのみたいと思った。このときのおいしい記憶はいまでものこっていて、あれからどれだけの肴をたいらげてきたにもかかわらず、それ以上のものに出会ったためしがない。そのつくり手が船田キミヱさんだった。船田さんの酒の肴とは、あくまでもおいしくお酒をたのしむ友として、ですぎることのない味と量。だから味つけは、こすぎることなく、素材のおいしさを十分にひきだすほどにとどめて、ひと皿の量はひかえめに、けれど思わずそそられるようなそそとしたもりつけが好ましい。酒のみごころがくすぐられるような、そんなひと皿をめざして。

うちでお酒をたのしむために、船田さんにおそわった肴のかずかずを、酒のみ仲間のみなさんへおつたえします。

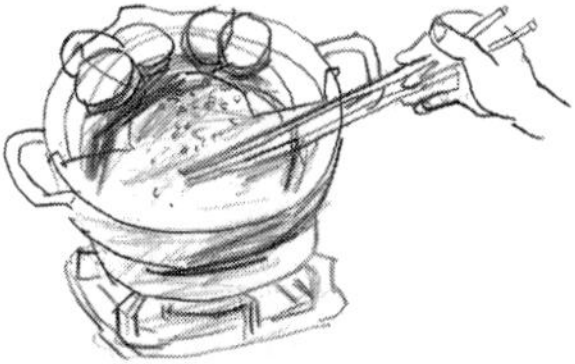

船田流味つけの素

基本のだし　昆布とかつお節でとる。
あわせだし　だし10対うす口しょうゆ1対酒1をあわせ、ひと煮たちさせたもの。
あわせ酢　だし5対酢2対うす口しょうゆ1対みりん1をあわせ、ひと煮たちさせたもの。
魚の煮つけ汁　みりん2対酒2対しょうゆ1と、ほぼ同量の水をあわせ、ねぎや生姜をくわえて魚を煮る。
酒としょうゆの同割　しょうゆに酒が入ることで、やわらかい味つけができる。ちょっとしたあえもののときにも。
小麦粉と片栗粉の同割　2種類の粉をあわせることによって、おもすぎず、かるすぎないくらいのしあがりになる。揚げものは、すべてこの粉。
調味料　すべて特定のものはなし。しいていえば、塩は自然海塩を。しょうゆは、うす口をおもにつかう。油は好みで、オリーブオイルでもごま油でも。酒の肴なので、甘みに砂糖はほとんどつかわず、みりんや酒をつかう。

船田流 おいしくするため

ひと手間　ほんのひと手間をかけることによって、素材のおいしさをひきだしてくれる。おいしいひと皿への近道。

下処理は大事。たとえば、魚には熱湯をかけ、くさみやよぶんなうろこをとりのぞく。カキやレバーなどは、片栗粉と塩をつかって、ぬめりやよごれをとる。

火加減は大事。たとえば強火でいっきにしあげるもの、弱火でコトコトと煮るもの、余熱でジックリと火をとおすもの、味つけ同様に火のとおしかたひとつで味も大幅にかわってしまうから。

味みをする　料理はかならず味みをし、自分の好みにあった加減をしよう。おいしさは、季節によっても体調によってもちがうから。自分らしい味をみつけてゆきたい。

もりつけ　酒の肴とごはんのおかずとのちがいは、味つけだけではなく、そのもりつけと量、そして季節感にある。まさにもりつけも味のうち、お酒がすすむ。

もくじ

はる

晩しゃく

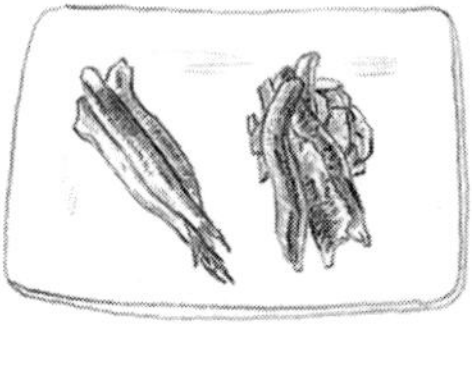

なつ

あき

父

ふゆ

お酒のしめに

＊この本でつかっている大さじは15cc、小さじは5cc。分量の目安は、酒の肴としておいしい分量、もしくはつくりやすい分量をかいてあります。

絵と文字…牧野伊三夫
写真…日置武晴
デザイン…有山達也
山本祐衣（アリヤマデザインストア）

はる

やわらかくて
ちょっと苦みのある春野菜、
やさしい味を
たのしみたいから。
あっさりと
きれのいい日本酒を。

新じゃがのキンピラ

新じゃがは皮をむいてマッチ棒状の千切りにし、芯があるくらいにサッとゆがき、すぐに水洗いしてザルにあげ、さましておく。豚もも肉をじゃがいもと同じように棒状に切り、サラダ油少々と酒としょうゆの同割をくわえて下味をつけておく。

フライパンにサラダ油をひき温め、ねぎと生姜のみじん切りをくわえて炒めあわせ、香りがたってきたら肉をいれ、さらに炒める。肉の表面が白っぽくかわったら、じゃがいもをいれ、塩と酒をくわえて調味をし、味みをして好みでしょうゆをたしてもいい。

最後に色どりに、ゆがいてななめ切りにした絹さや（あるいは火を入れていないピーマンの千切り）をあわせて火をとめ、香りづけにごま油を数滴たらす。サッパリとしてシャリシャリとした歯ざわりのいいひと品。

19　新じゃがのキンピラ

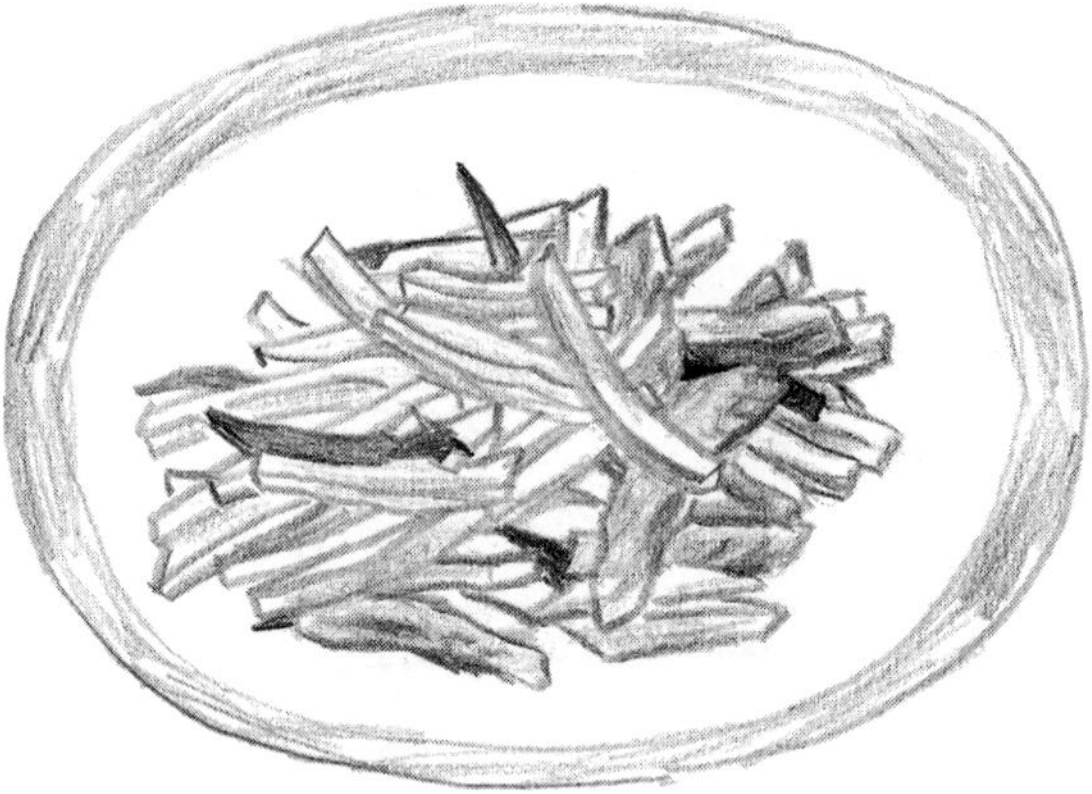

新ごぼうと豆腐の卵とじ

春にでまわるやわらかくておいしい新ごぼうを使って。

新ごぼう1本はささがきにし、水にひたして10分ほどおき水けをきる。「船田流あわせだし」（だし１００cc、うす口しょうゆ10 cc、酒10 cc）を鍋で煮たたせ、ごぼうのささがきを煮る。ごぼうがやわらかくなったら、木綿豆腐半丁を手でくずしいれ、温まったら卵１個をまわしいれる。しあげにざく切りの三ツ葉をちらし、火をとめふたをして30秒ほど蒸らす。

うつわにもり、好みで山椒や黒七味をふりいただく。お酒の肴によし、ごはんのおともによし。三ツ葉とごぼうの香りが食欲をそそる。

21　新ごぼうと豆腐の卵とじ

トマトとじゃこのサラダ

大さじ1杯のちりめんじゃこをボウルにいれ、湯をくわえサッとひたし、ザルにあげ水けをきる（湯どおしすることによって多少の塩分もとれシットリするので、トマトとなじみやすくなる）。

大きめのトマト1個を湯むきしてくし型に切り、さらにヨコに2等分にする。切ったトマトとじゃこをボウルにいれ、オリーブオイル、ポン酢各小さじ2をくわえてよくまぜあわせてうつわにもる。上から大葉の千切りをふる。

たこエシャ

たこの足のうす切りと、エシャロットのななめうす切り、そしてレモンのしぼり汁をボウルの中であわせ、酒としょうゆの同割で味をととのえ、最後に細かいかつお節をくわえてサックリとあえる。こういうあえものは箸をつかわず、手であえたほうが具材がからみやすく、なじみやすい。

エシャロットは、スライスしたものを酢味噌であえただけでもシンプルでおいしい。

ボイル手羽先 香味あえ

香味油をつくる（手羽先10本に対して）
生姜のみじん切り：大さじ1
長ねぎのみじん切り：大さじ2
おろしにんにく：香り程度に
塩：小さじ1

香味油は金属のボウルに（後で熱い油をかけるから）いれておく。小鍋にサラダ油大さじ4をいれ、煙がでるくらいまで熱して、金属ボウルの中へそそぐ。

手羽先は先をおとし、タテに2等分に切りわけておく。鍋にねぎの青いところと生姜スライス4〜5枚、そして手羽先をいれ、ヒタヒタより少し多めの水、酢2分の1カップをくわえて強火で煮る。酢をいれることにより白くゆであがり、くさみもとれる。煮たったら弱火にして10〜15分、コトコトと煮る。このときの火加減には要注意。グツグツ煮すぎると鶏のうまみがでてしまうから。ゆであがった手羽先は、水けをきって、つくりおいた香味油でサッとあえ、うつわにもる。

パーティーのときやたくさんの来客のあるときにつくっておける料理。だれにでも喜ばれることうけあい。

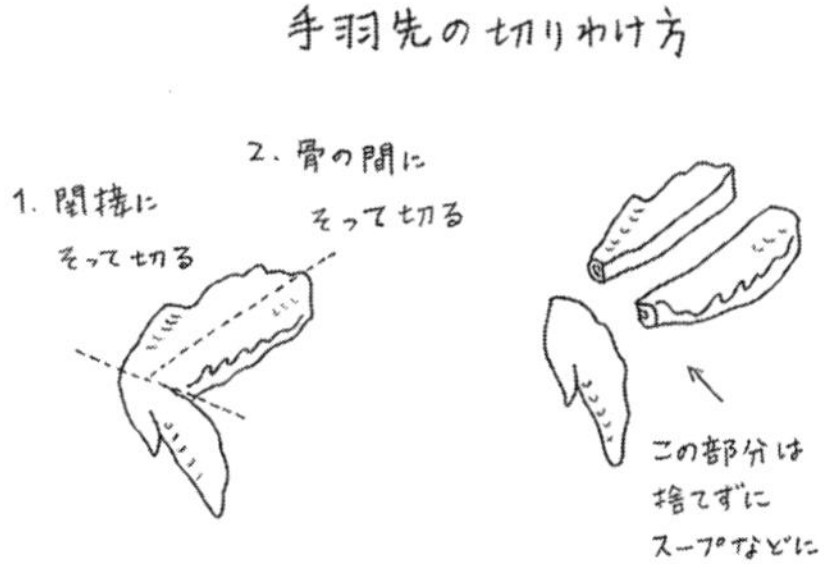
手羽先の切りわけ方
1. 関接に
そって切る
2. 骨の間に
そって切る
この部分は
捨てずに
スープなどに

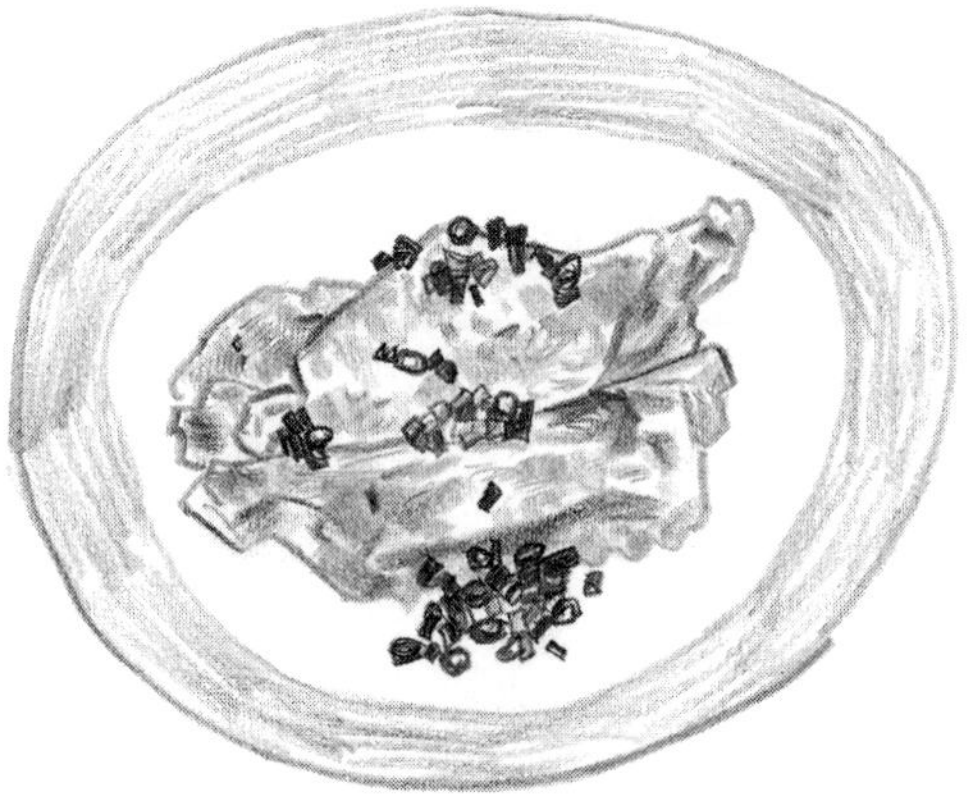

桜鯛の潮煮

春さきにでまわる真鯛を桜鯛とよぶ。うっすらとした桜色のその鯛には立派な尾頭つきの鯛のぎょうぎょうしさはなく、なんとも愛らしい。春の夜、なにかいいことがあった日の酒もりにでも奮発したい。

20センチほどの小ぶりな桜鯛の内臓をとりのぞき、うろこをとる。ザルにのせて熱湯をかけ、くさみととりそこねたうろこを洗い流す。

そして皮の表面に2か所ほど切れめをいれる。これは火がとおると皮がはじけてしまうのを防ぐために。

鍋に水5対酒1の割合の煮汁をいれ、5センチ角の昆布を1枚、塩少々をくわえて煮たたせてアルコール分をとばし、そこへ桜鯛をいれて落としぶたをし、中火で5～6分煮てできあがり。うつわにもりつけて、ゆでた菜花などの青みをそえて春らしいひと皿とする。

メモ
＊落としぶたをすることで、味つけは均一になり、料理の乾燥もふせぐ。落としぶたは、あれば木ぶたをつかい、なければアルミホイルやキッチンペーパーなどをつかう。煮汁が対流して味が均一にまわるようにするために。
＊煮魚の場合、水から煮るとなまぐさくなってしまうので、汁が煮たってから魚をいれる。しょうゆの入った甘からい煮つけも同様に。

新筍と絹厚揚げの炊きあわせ

いろいろな材料を、ひとつの鍋で時間差をつけて煮ていく。筍は少量なので、お店でゆでたものを買うのが手軽でいい。

まずは下処理をする。ワカメは塩ぬきをしてざく切りにする。ふきはゆがいて筋をとり、5センチ長さに切りそろえる。筍と厚揚げはたべやすい大きさに切る。「船田流あわせだし」（だし10対うすロしょうゆ1対酒1）を筍がかぶるくらいに鍋に用意して、筍をいれ落としぶたをし、中火で10分ほど煮る。つぎに厚揚げをくわえて、温める程度に2〜3分煮る。さらにふきをいれて1分煮て火をとめ、ワカメをいれてひと呼吸おき、うつわにもりあわせる。あれば木の芽をそえると、いっそう春らしくなる。

ごはんのおかずとはちがうので、見ためにも少しずつうつくしくもることにより、酒の肴らしくなる。量も味のうち。

メモ

＊塩蔵ワカメは、多めに塩ぬきをしてざく切りにして、煮たたせてアルコール分をとばした「船田流あわせだし」に漬けておくと便利。冷蔵庫で1週間くらいは保存可能。サラダやあえもの、つけあわせ、味噌汁の具にとすぐに活用できる。ワカメ同様に芽ひじきも水でもどし「船田流あわせだし」でサッと煮て漬けておくといい。少ない煮汁で煮るためには、落としぶたが便利。

29　新筍と絹厚揚げの炊きあわせ

魚介の土佐酢

まず「船田流あわせ酢」をつくる（5対2対1対1の割合）

だし：50 cc　酢：20 cc　うす口しょうゆ：10 cc　みりん：10 cc

あわせ酢を鍋にうつし火をいれ、煮たったら〝追いがつお〟（いつものだしに、さらにひとつかみのかつお節をくわえて、こくと風味をだす）をし、ふたたび煮たったら火をとめ、こしてさましておく。これが土佐酢。

生姜・ねぎのみじん切りと、みょうが・大葉の千切り、そしてたべやすい長さに切ったカイワレと白すりごまを、ワカメと白身魚の刺身などとあえて、土佐酢とあわせる。ほかにほたるいかやたこなどにもあう。香味野菜や魚介は、春らしい食材であれば好みのものを。青柳や小柱など、春さきの貝は甘みがあり、とてもおいしいのでぜひおためしを。

31　魚介の土佐酢

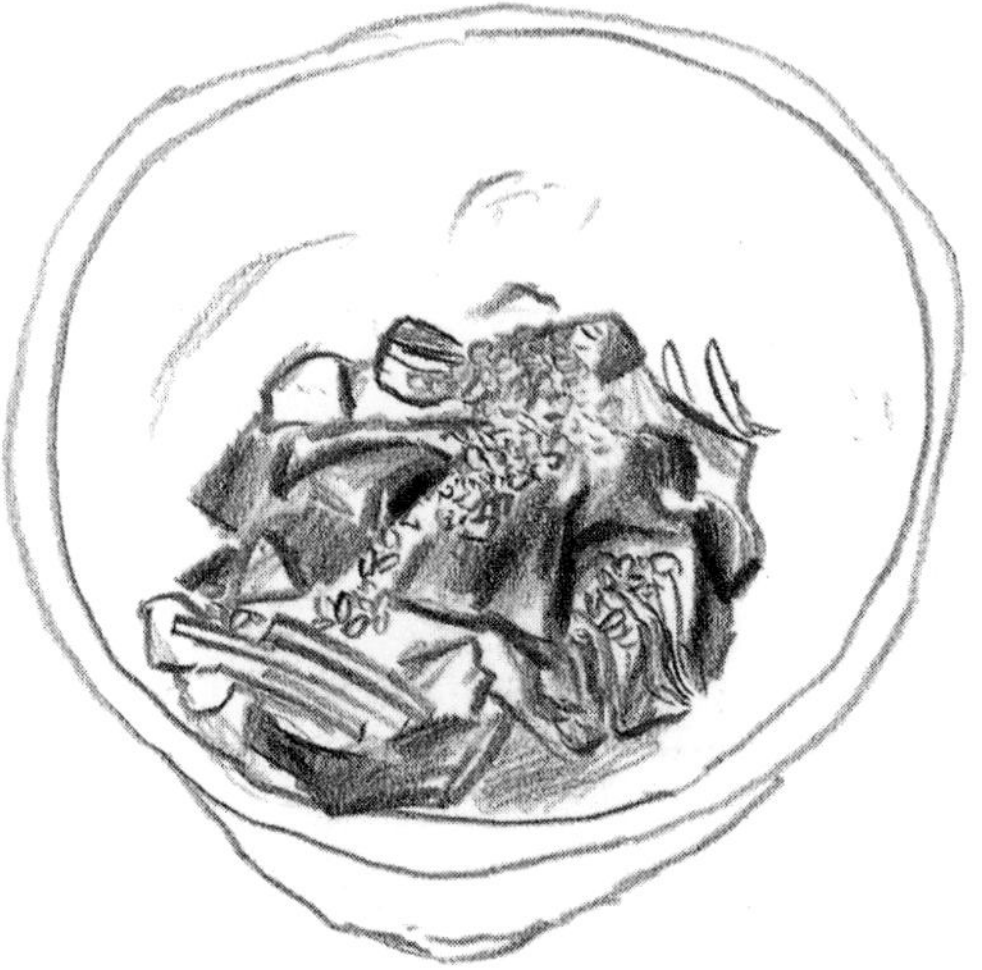

いかわたのガーリック炒め

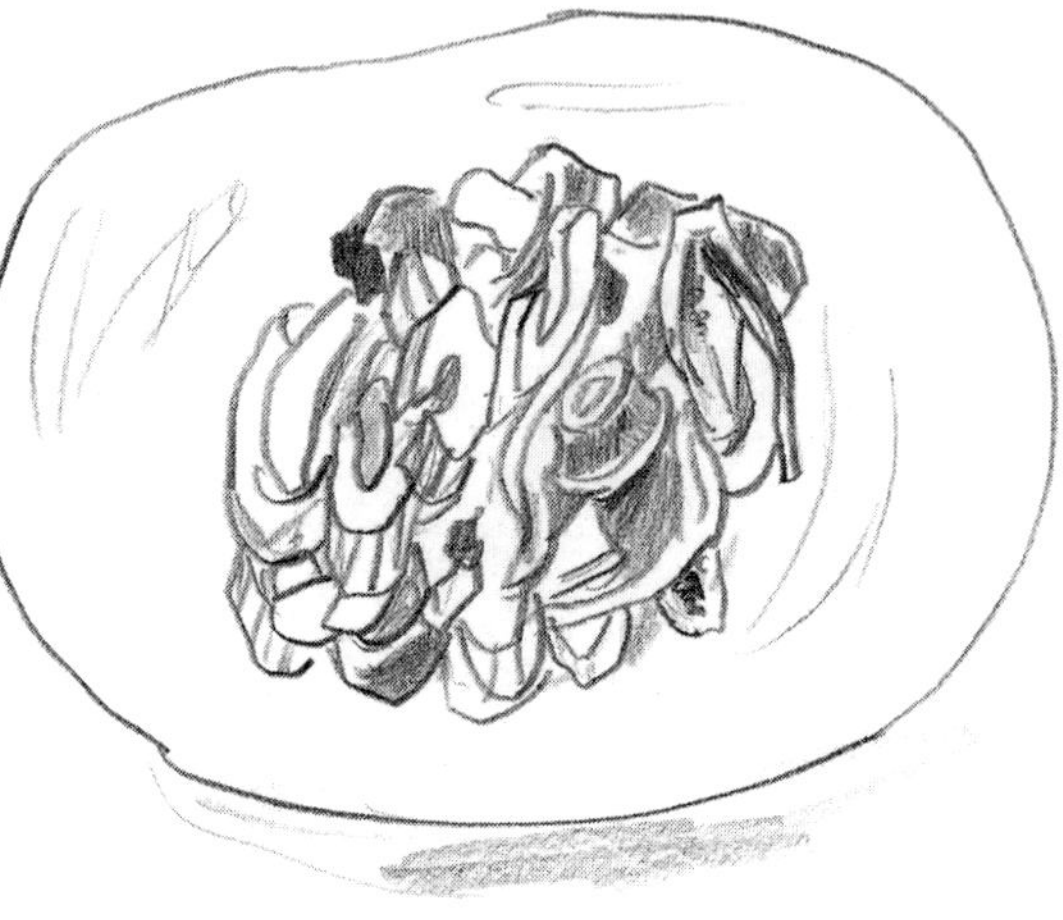

麦の穂が実るころの、春さきの小さめのするめいかを〝麦いか〟と呼ぶ。身がやわらかく、わたは脂分が少ない。

麦いかはわたをぬいて、口と目をとりのぞく。わたはタテに切り、袋からだしておく。身は皮をむかずにそのまま、1センチ幅の輪切りにし、足は先端を切り、2本ずつにわけておく。セロリは筋をとり、ななめ切りにし、葉の部分はざく切りにする。ただし葉は色どり用なので少量。

鍋にサラダ油とにんにくのスライスをいれ、弱火にする。香りがたってきたらわたをいれ、切ったいかとセロリを順に炒めあわせ、最後に強火にして、しょうゆと酒の同割を鍋はだからまわしいれ、フワッと香ばしいかおりがしたら火をとめる。

メモ

＊麦いかのわたが少なくて脂分がものたりなければ、市販の酒盗をくわえてこくをだしてもいい。

＊春さきのするめいかはやわらかくてとてもおいしいので、サッとボイルし（15秒くらいが命）、生姜じょうゆでたべるのもおつ。

いかのイロイロ

＊するめいか…夏から秋が旬。安めなので〝庶民のイカ〟とよばれている。

＊やりいか…春から夏が旬。小さくて身がうすい。やわらかくて上品な味。

＊あおりいか…春から夏が旬。少しお値段高め。高級品で、刺身にするのが一番。

＊もんごういか…晩春から初夏が旬。身がやわらかい。

小あじのから揚げ

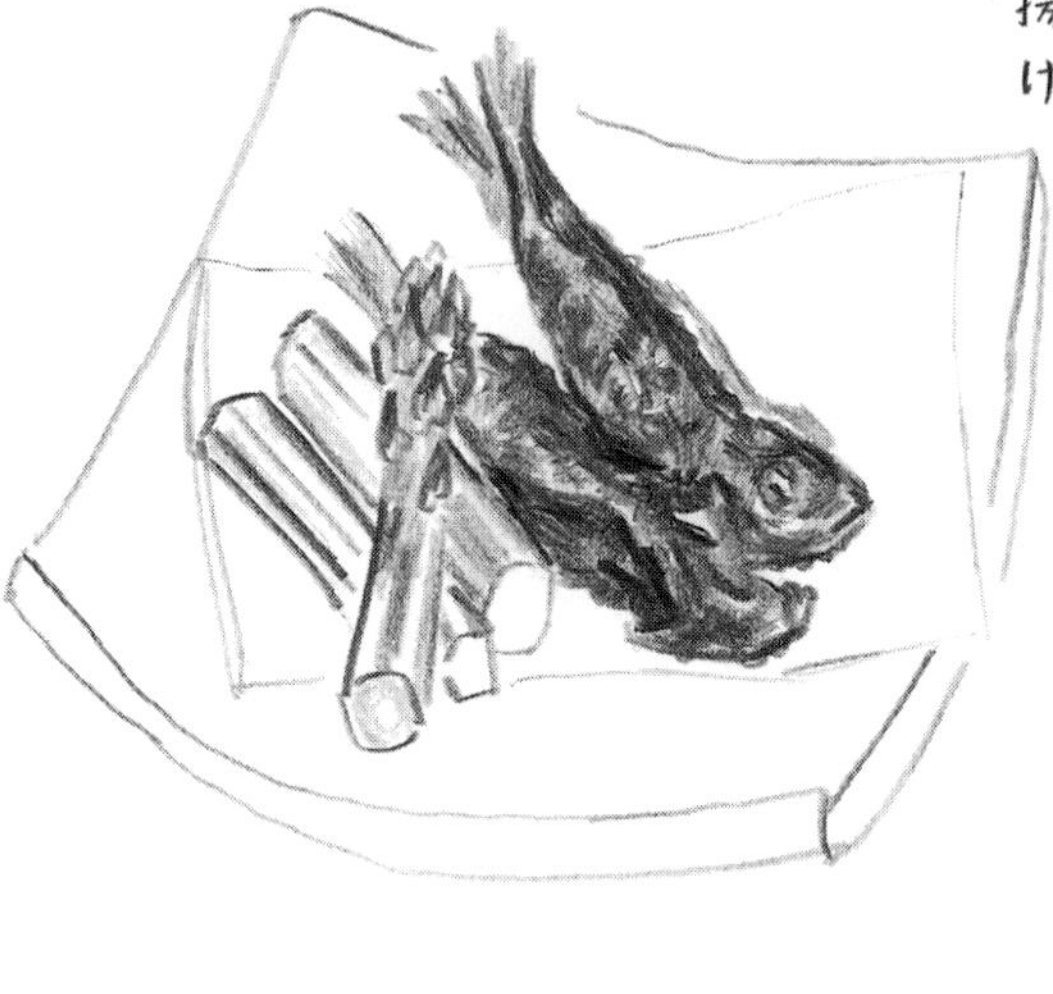

12センチほどの小ぶりのあじを、包丁を使わずに手で内臓とエラをとりキレイに洗い、ザルにあげておく。つぎに、酒としょうゆの同割で、下処理した小あじをサッとあえて水分をかるくふきとり、片栗粉と小麦粉同割の粉をつけ2度揚げする。1回めは中温、2回めは高温で揚げる。皿に2尾もりつけ、青みにしし唐やピーマン、アスパラガスなどを素揚げにしてそえて、粗塩をふり、好みでレモンなどの柑きつ類をかけていただく。

2度揚げをすることによって、頭からしっぽまでのこすことなくたべることができる。定番のあじの南蛮漬けでもなく、鶏のから揚げでもない。レモンでサッパリと、フリット感覚。ワインにもよくあう。

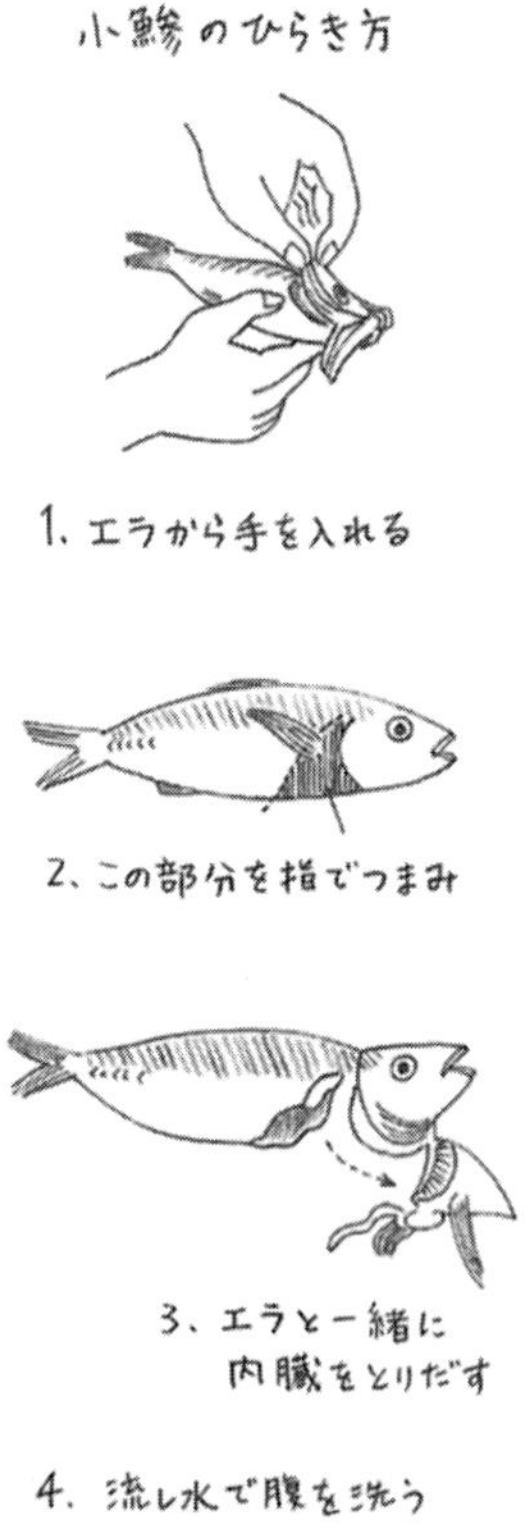
小鯵のひらき方
1. エラから手を入れる
2. この部分を指でつまみ
3. エラと一緒に
内臓をとりだす
4. 流し水で腹を洗う

小あじの南蛮漬け

大きさ15センチほどの新鮮な小あじは、包丁を使わず手で内臓をとり下処理をしておく。もちろんここまでを魚屋さんで処理してもらってOK。最近は処理ずみも多く売られているので活用するのもテ。

漬け汁をつくる（小あじ10尾に対して）

だし：250cc　酢：60cc　みりん：30cc　うす口しょうゆ：30cc

にんじん4分の1本は千切り、玉ねぎ2分の1個はスライス（新玉ねぎなら1個でも。やわらかくて甘いので）、たかのつめ1本は輪切りにし、多少深さのある平らなうつわにひろげいれ、そこへ煮たたせた漬け汁をまわしかけ野菜をシンナリとさせておく。

処理した小あじを小麦粉と片栗粉の同割でかるくはたき、粉がしっとりとおちつくまで少しおく。そして1度めは中温の高めで、さらに2度めは高温で色づくまで揚げる。魚を揚げるにはせいぜい1度に4～5尾程度。何度かにわけて。たくさんいれると、油の温度がさがってしまうので要注意。油をきり野菜の入った漬け汁の中へ1時間ほど漬ける。野菜とともにうつわにもりあわせる。南蛮漬けはひと晩おくと、骨がやわらかくなり、味もおちつく。

お好みでどうぞ。

小あじのひらき方は35ページ参照のこと。

セロリとスナップえんどうのヨーグルトソースあえ

ヨーグルトソースをつくる

マヨネーズ：大さじ1　ヨーグルト：大さじ2
おろしにんにく：少々（香りづけ程度に）

エビは頭と背わたをとり、ゆでる。スナップえんどう、そしてセロリの株の内側にあるやわらかめの小さい部分（あるいはたべやすい大きさに切ったセロリでもよし）もサッとゆであげ、さます。うつわに色どりよくもりあわせ、上からヨーグルトソースをかける。

春さきのやわらかい、ちょっとクセのある野菜などにもこのソースはよくあう。さらにソースにブルーチーズを少々くわえると、白ワインがほしくなる。

39　セロリとスナップえんどうのヨーグルトソースあえ

手羽先の香味から揚げ

まずは手羽先をたべやすいように、切りわける。

塩・こしょうをしてしょうゆ・酒・ごま油の同割と卵黄1個分、おろしにんにく少々をくわえよくまぜあわせ、30分くらい漬けておく。小麦粉と片栗粉の同割の粉をはたきつけ、低めの温度でゆっくりりと揚げる。ふたつほどを皿にもり、ちぎったレタスをそえる。

友だちがたくさん来る日やパーティーのときに、つくりおきができるのでとても便利。

手羽先の切りかたは25ページ参照のこと。

サザエのバター風味

磯の香りのたまらないサザエのつぼ焼きはちょっとひなびた海の味。家では趣きをかえて、白ワインでもかたむけませんか。

鍋に2センチ深さの水をはり、お湯が煮たってからサザエのふたを上にしていれ、それぞれの口からしょうゆと酒の同割、おろしにんにくとバターをいれる。鍋のふたをして中火で5分蒸し煮にする。蒸しあがったサザエをとりだし、逆さにして中身の汁をべつのうつわにいれ、ためておく。

貝のフタをはずし（貝のフタはフォークでギュッと押すとはずれる）、中身にフォークを刺し、ツルリとまわしながらひきだす。中身は乱切りにして、べつにためておいた汁とあわせ、すずしげなガラスのうつわにもり、細ねぎの小口切りをパラリとちらし、うまい汁ものこさず上からかける。エスカルゴ料理のごとくワインのすすむ味。

シンプルトマトサラダ

玉ねぎ4分の1個はスライスし、手でかるくもみサッと水にさらす。大きめのトマト1個は湯むきをし、くし型に切り、さらにヨコに2等分にし、たべやすい大きさにする。玉ねぎとトマトそしてレモン汁4分の1個分をサックリとまぜ、ポン酢を少々くわえてあえる。ポン酢にくわえたレモンの酸味が、味がしまる決めてとなる。

メモ
トマトの湯むきがめんどうなら、くし型に切ったトマトの皮を包丁でむく。ちょうどメロンの果肉をはずすように。

浅漬けラッキョウとみょうがあえ

夏まえにでる新ラッキョウの塩漬けを千切りにしたものと、みょうがの千切りをほぼ同量の割合で、ただまぜあわせるだけ。さわやかな酒のみのサラダ……な感じ。シャキシャキサクサクといきたいので、あくまでも新ラッキョウでつくりたい。味はラッキョウ漬けの塩味で、たりなければ塩で調味する。バリエーションでかつお節＋しょうゆ少々であえる。

ふきのとう味噌

　ふきのとうのおしりのかたいところに、十字の切れめをいれ、中の芯に火がとおりやすくしておく。つぎに沸騰した湯にいれてゆで、水にひたしてアクぬきをし、しぼって水けをきり、こまかくきざんでおく。

　ふきのとう5個に対して、鍋に白味噌１００グラム、卵黄1個分、砂糖大さじ1、みりん大さじ2、酒大さじ2をあわせ、弱火にてヘラでまぜながら3〜4分火をいれて、最後にサラダ油を少々いれ（つや出し用）、火をとめる。さめてからきざんだふきのとうとよくあえる。

　小鉢にもり、日本酒とともにチビリといただくのもいいけれど、たまには目先をかえて刺身こんにゃくとともに。

ボイルセロリのおかかあえ

セロリは筋をとり、5ミリ幅のななめうす切りにし、葉はざく切りにして少しやわらかめまでゆがく。さましてかるく水けをしぼり、ボウルにいれサラダ油をひとまわし、しょうゆを少々、かつお節をくわえて手でサックリまぜあわせる。

「イワシの塩ゆで」（78ページ）と相性ピッタリ。交互にたべればお酒もエンドレスに。

メモ
＊セロリの歯ざわりはゆで具合によって、シャキシャキしていればサラダ気分、シンナリしていればおひたし気分になる。
＊ボイルしたセロリにサラダ油をまぜておくと、オイルコーティングの役割となり、そのあとのしょうゆが入りすぎることがない。

晩しゃく

夕方になると、なにかちょっとイソイソしてくるのは私だけ？　さて今晩はなににしようと考え始める。お天気や気分、体調によってもずいぶんちがう。たいそうなものをつくるわけではないけれど、夜ごはんは一日の終わりのイベントだもの、どうでもいいなんて思えない。材料の買いだめはあまりしないので、その日にたべたいものを日々そろえたい。そして、その夕方の買いものがまた大好き。ワサワサしたスーパーのせわしない感じ、今日はなにが新鮮か……なんてさぐりながらの材料さがし。献立とともにうかぶのは、ならば今宵のお酒はなに？　と思わずニヤリとする。

台所に立ちバタバタとつくりはじめる。湯をわかす、野菜を切る、クルクルと頭が動く。仕事のときとはまたちがう脳みそが働いている心地よさ。部屋にたちこめるおいしそうなかおり。ポンとワインの栓でもぬけば、はやる気分がいくぶんおちつく。それでは……と、目には見えぬだれかに会釈をしてチビリとはじめる。テーブルをふき、できあがった料理をならべていざ席へつき、グラスをおけば今宵のディナーのはじまりとなる。あらためて「いただきまーす」の一杯から。たとえ自分のつくった料理でも、こうしてリラックスして食べるうち料理のおいしいことといったら。ひとり暮らしのはじめのころにはこうはいかなかったけれど、時がたつにつれて、こんなすごしかたが身についた。ときにはさみしいと感じた晩もあるけれど、それはそれでしみじみとしていいものだときりぬけてきた。そんな日は、よりていねいに肴をつくり日本酒を味わう。いいことがあった日には、いつもよりちょっと値のはるワインで乾杯する。ふだんつくりなれない料理など、本を片手につくってみる。つまらないよりはたのしいほうがいいじゃない、まずいよりはおいしいほうがいいでしょ……と思うから。ただ空腹をみたすだけの食事より、その時間をたのしみながらおなかもいっぱいになるしあわせ。

おなかも満たされて、気分もにわかにゆるみはじめる。今日の自分にお疲れさんのこの時間が、また明日からのエネルギーとなる。ただしくれぐれも、エネルギー充電のためといいつつの深酒はやめておこう。家でのお酒は、ものたりないくらいがちょうどいい。

なつ

夕方の、
ごほうびのようにいただく
ビール一杯のおいしさ。
まずは
ゆでたての枝豆から。

ゴーヤと豚肉、豆腐炒め

ゴーヤはタテ2等分にし、中のわたをスプーンでくりぬき、4分の1個分をうす切りにする。豚バラ肉2～3枚は3センチ幅に切る。

フライパンにサラダ油をうすくひき、豚バラ肉を炒め火がとおったら、木綿豆腐3分の1丁を手でくずしながらいれ、塩少々をふり、強火で炒めあわせる。

そこへしょうゆと酒大さじ1ずつあわせたものを鍋はだからジャーッといれ、最後にゴーヤをいれサッと炒め、かつお節を少量（小さい5グラムパックの半分）からめてできあがり。うつわにもり、上からのこりのかつお節をふる。

卵が入っていないのでサッパリとしていて、それぞれの素材の味をかんじる。

ゴーヤの種とワタのとり方

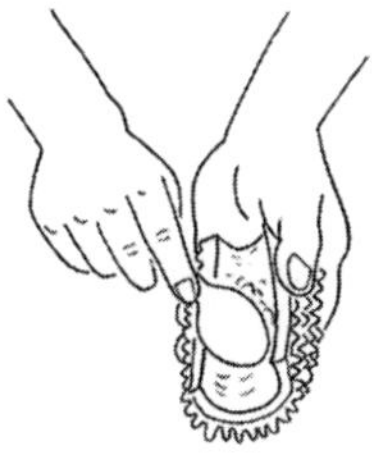

スプーンで種とワタをとる

この状態でラップをして
冷蔵庫で保存

炒りそら豆

そら豆は、独特の香りとホックリとした歯ざわりがとてもおいしい。ゆでてよし、天ぷらにしてよし、そしてこんな炒りそら豆もいかが。

そら豆はさやからだして、皮ごとのまま豆のおしりの部分へ包丁をいれておく。フライパンにオリーブオイルをひき、そら豆をいれ炒めて塩をふる。炒めると皮がチュンと縮まってはずれたり、中途半端にくっついていたりするが、あえてそのまま皿にもり、上から黒こしょうをふる。

そら豆の身だけでもやわらかくておいしいし、皮だけでも歯ごたえがあっていい。そして皮が少しこげたりしてもまた、香ばしくていい。

炒りそら豆

そら豆の白あえ

ローストしてざく切りにしたくるみをすり鉢であたり、そこへ水きりした木綿豆腐半丁と砂糖大さじ1、うす口しょうゆ小さじ2分の1と塩をほんの少しくわえ（この塩は味つけというより、味をまとめるため）、よくすりあわせる。

ゆでたそら豆を皮からはずし、豆腐とくるみをあわせたすり鉢へくわえてザックリとまぜる。みずみずしいそら豆と豆腐とくるみのあえもの。色あいもうつくしく、シンプルゆえに豆の味がひきたつひと品。そら豆にかえてインゲンでも、その青くささがおいしい。

するめいかの酒盗あえ

初夏にでまわるやわらかくて、でもちょっとわたの小さいいかや、塩辛をつくるのにはものたりないくらいのいかのときに。

市販の酒盗といかの刺身をただあえるだけ。さらにバリエーションとして、そこにゆでた小松菜2～3センチのざく切りをまぜあわせる。小松菜の青くささとシャリシャリ感がおつな味。生ぐささが気になればレモン汁をかけて。

イサキの湯びき

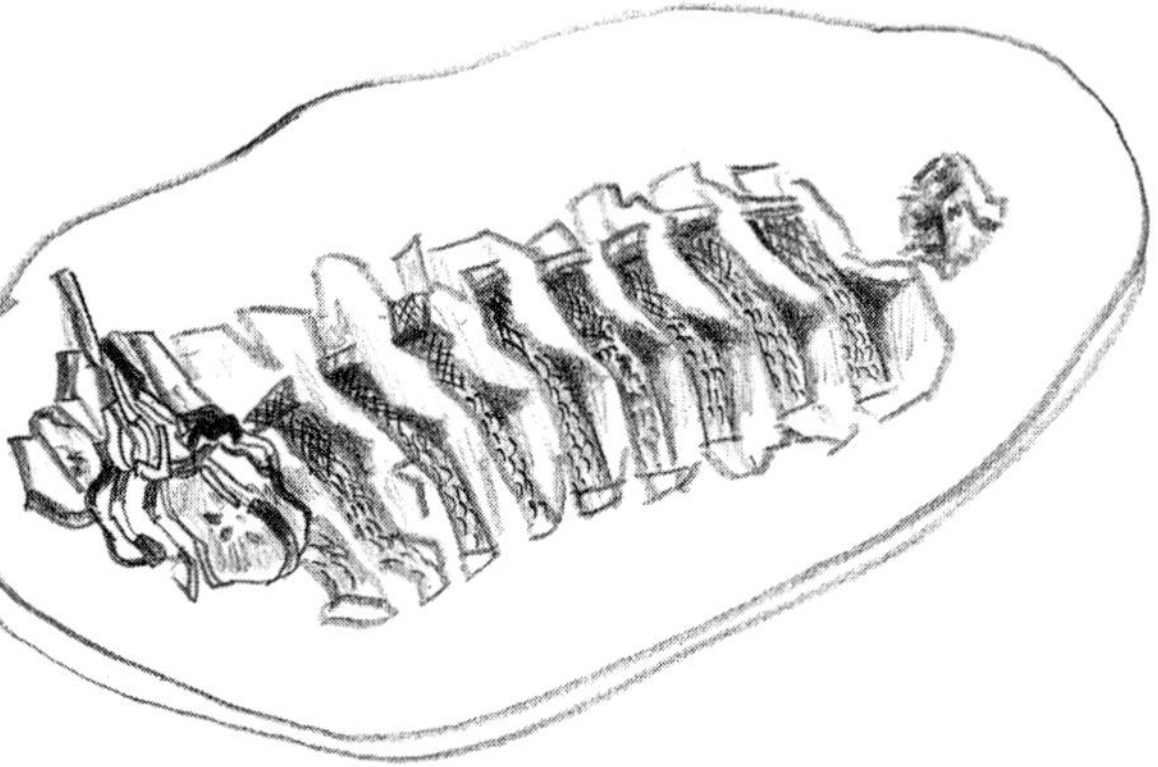

六月ごろにおいしい魚、イサキを味わう。

イサキはうろこをとり、三枚におろし腹骨をとりのぞき、小骨もぬく（できない人は魚屋さんにおねがいする）。まな板に身を下にしてならべて、熱湯をかける。すると皮がキュンと縮み、身がまるくなる（鮮度がいいものほど、キュルっとまるくなる）。冷水にとり、皮にのこったうろこを洗い流し、キッチンペーパーで水分をとり、皮めを下にして身のほうから包丁をあてて、たべやすい大きさに切る。

つけあわせはきゅうりの塩もみ。丸のままのきゅうりの両ヘタを切り、タテに2～3本、皮をむき、塩をすりこんでおく。シンナリしたら水で洗い、うす切りにしてしぼり、わさびとともに皿にもりあわせる。イサキの白い身とさわやかなきゅうりの緑色がうつくしく、目にもすずしい料理。漬けだれはサッパリと酢じょうゆ（うす口しょうゆ大3、酢大さじ2）か、わさびじょうゆで。

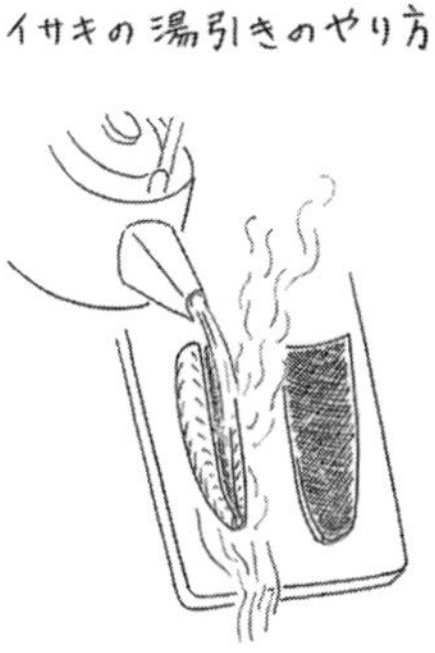

あじの梅たたき

三枚におろしたあじは皮をひき、キッチンペーパーで水けをとり、タテに2等分に切りわける。このときに、腹骨のついている腹身の部分を切りのぞき、小骨もとりのぞいておく。さらに身をざく切りにし、そのまま、まな板の上でおろし生姜小さじ1、市販のねり梅あるいはきざんだ梅肉大さじ2分の1と、長さ3センチ分のねぎのみじん切りをくわえていっしょにたたきあわせる。

あじの歯ざわりや味わいをのこしたいので、あまり細かくなりすぎないようにする。皿に大葉をしき、たたきをもり、上から細ねぎの小口切りをちらす。

＊分量の目安　あじ1尾

メモ

いつもじゃなくても、たまには自分の手で魚をおろしてみたい……と思うことがある。そんなとき、刃渡り10センチほどの小出刃包丁をもっていると便利。

大葉の包み揚げ

鶏ひき肉１００グラムと酒大さじ1をよくまぜあわせ、さらにゆかり小さじ2分の1をくわえてさっくりとあわせる。大葉の両面に、小麦粉と片栗粉の同割をハケでかるくつけ、片面にゆかりいりの肉を平らにぬり、ワッフルのように2つ折りにする。水と小麦粉をあわせたうすめの衣をつけ、サラダ油で中温で揚げる。皿に3個もる。ゆかりに塩分があるので、味の加減をみてから好みで塩をふる。

＊分量の目安　鶏ひき肉１００グラムで10個ほど

61　大葉の包み揚げ

なすのふくめ煮

だしのうまみが左右する、だし本来の味をたのしむ料理。ときにはていねいに、おいしいだしをとろう。

漬け汁をつくる（なす2個に対して）
だし：400cc　中華の干しエビ：大さじ2分の1
うす口しょうゆ：大さじ3　みりん：大さじ3　塩：少々
をあわせて煮だしておく。

なすはタテ半分にし、皮めに細かく切りこみをいれ、ヨコに2等分にする。煮たたせた煮汁の入った鍋になすをいれ、全体がズッシリと沈みこむように落としぶたをし、30分〜小1時間弱火で煮ふくめる。そのまま温かくたべてもよし、ひと晩おいてからもまたおいしい。

いっしょにそえる青みは、サヤインゲンを。なすのやわらかさと同じくらいにクッタリとゆでておき、なすとともに漬け汁にひたして、いっしょにもりあわせる。夏の香味野菜、みょうがの千切りとあわせてもいい。

鶏レバーのしょうゆ焼き

レバーは対になっているものは切りわけ、ひとつを3等分になるようななめ切りにし、よぶんな脂をとりのぞく。左図のように片栗粉と塩、少々の水でもみ洗いし、流水で洗う。キッチンペーパーの上にのせ、表面の水分をとる。

漬け汁をつくる（レバー10個に対して）

酒：大さじ2　しょうゆ：大さじ1　塩：少々
こしょう：少々　カレー粉：ほんの少し

漬け汁にレバーを30分〜1時間漬けこむ。さらにキッチンペーパーでよぶんな水分をとり、少しのサラダ油をフライパン全体にひき、レバーをしきつめる。中火でレバーをこがさないように注意しつつ両面をひっくりかえしながら焼く。カレー粉の香りがほのかににおいたち、レバーの切れめがチリチリとしてきたらできあがり。味といい香りといい夏バテ気味の食感をそそる、そんなひと品。ついついビールがすすんでしまう味。

レバーの下処理のし方

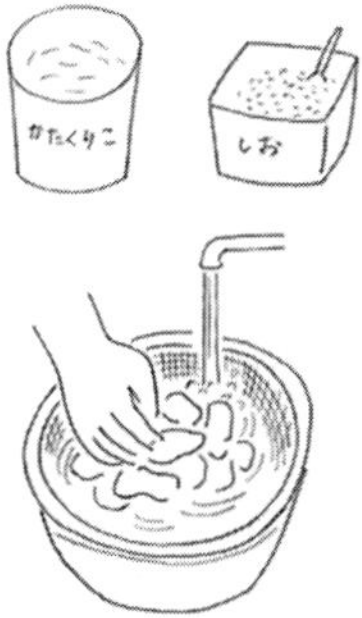

1、鶏レバーは、流水で
もみ洗いをする。

2、15分ほど水につけておく。
そうするとさらによごれが
浮いてくる。

3、キッチンペーパーで
水分をふきとる。

ゴーヤとエビのサラダ仕立て

4センチほどのボイルしたエビ3尾を横にスライスし、背わたをとり、2等分にする。

ゴーヤはタテに2等分にし、わたをとり、ボイルしてから4分の1本分をうす切りにする。ボウルにエビをいれ、レモン汁をかけ下味をつけておき、つぎにナンプラーを少々くわえて手であえる。さらにゴーヤと玉ねぎ6分の1個分のスライスをいれ、たっぷりのレモン汁とナンプラーでよくあえる。調味はあえてレモン汁とナンプラーのみで味わいたい。

炒めワカメの二杯酢（にんにく風味）

ワカメは水でもどしざく切りにし、みじん切りのねぎとあわせ塩を少々ふり、ごま油でサツと炒める。この塩が大切。このひとふりがないと味がボケてしまうから。

炒めたワカメをボウルにいれ、しょうゆと酢の同割とおろしにんにくをほんの少し風味程度にくわえてまぜあわせる。ただし酢によってワカメの色がかわってしまうので、たべる直前にあえること。ビールにピッタリ。

甘唐辛子の焼きびたし

「船田流あわせだし」(だし100cc、うすロしょうゆ10cc、酒10cc)をひと煮たちさせておく。

甘唐辛子はタテに包丁の切れめをいれて網で焼いて、ヘタを切りすて長さを2等分に切る。用意しておいたあわせだしにしばらく漬けこみ、うつわにもり、汁を少しはり、上からかつお節をもる。

野菜は焼くことによって、香りがたち、こげめもおいしい味のうちとなる。

＊分量の目安　甘唐辛子4～5本が1人分

インゲンのタイ風サラダ

材料目安（2人分）
豚バラ肉：2枚　紫玉ねぎ：4分の1個　インゲン：10本くらい
万能ねぎ、白ごま、ミント、香菜：適量

たれをつくる
ライム：1個分のしぼり汁　ナンプラー：大さじ2　豆板醤：小さじ2分の1

豚バラ肉は5センチくらいに切りわけ、サッとゆがき（しゃぶしゃぶの感じ）、ザルにあげておく。紫玉ねぎはうす切りにする。インゲンはヘタをとり2等分にし、少しやわらかめにゆでる。このサラダはインゲンのやわらかさが決めて。やわらかくゆでることによって、甘みと香りがでて、味もなじみやすくなるから。

豚肉とインゲン、紫玉ねぎをまぜあわせ、さらに万能ねぎの小口切り、白ごま、ミントと香菜のざく切りとたれをまわしかけ、まぜあわせる。たっぷりのライムの酸味が、スカッとおいしい夏むきのサラダ。冷えたビールとともに。

69　インゲンのタイ風サラダ

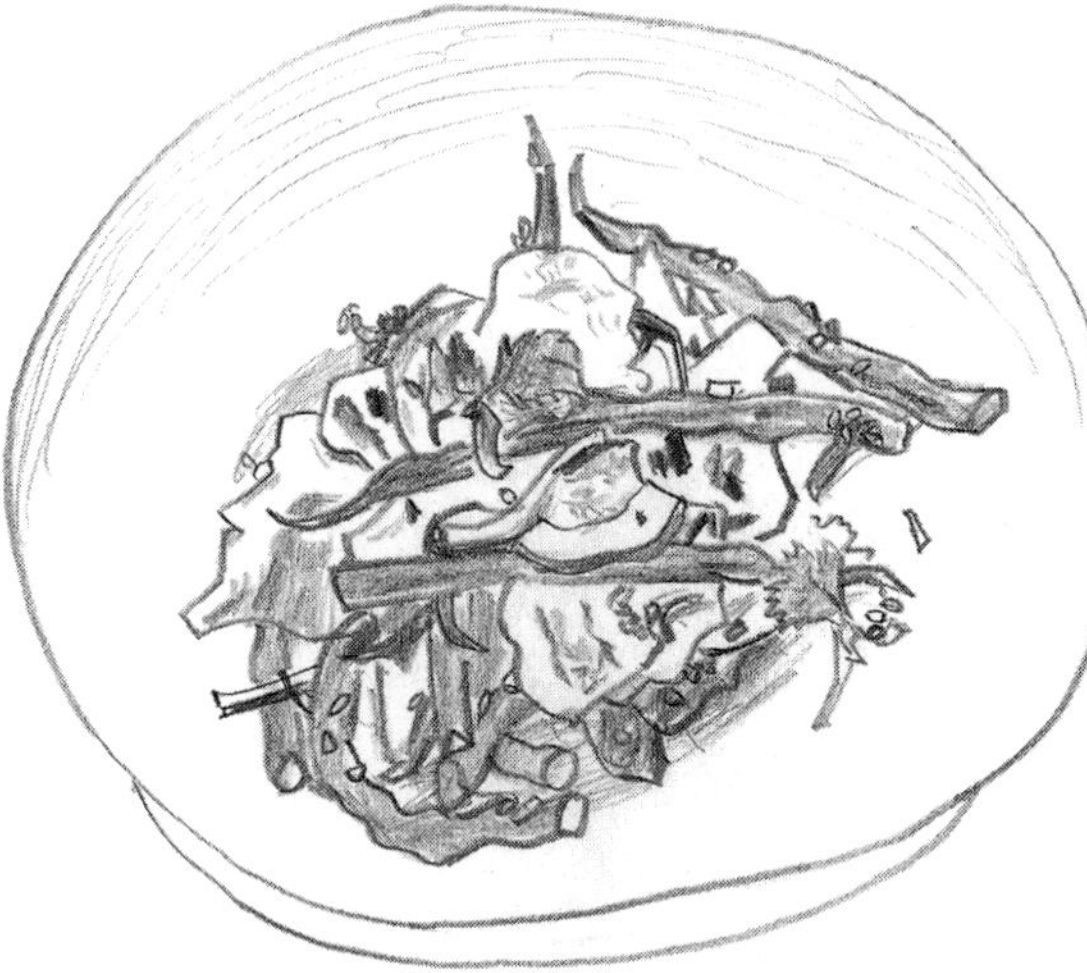

わさびきゅうり

冷やしたきゅうり1本の両ヘタを切りすて、ピーラーで皮を全部むき、乱切りにする。ボウルにきゅうりをいれ、ほんのひとつまみの塩でかるくあえ、さらにサラダ油を小さじ2分の1とおろしわさび小さじ2分の1、半ずりの白ごま少々をいれてあえる（できれば本わさびをつかいたいけれど、なければねりわさびでも）。

わさびのツーンとしたかんじとシンプルな塩味、そしてきゅうりの夏っぽいにおいがとてもすずしい。すずしさをあじわいたいのでゼヒ冷たいうちに。あまりおくと、水分がでてしまうのでご注意を。

このさっぱりとしたあとに、大葉の包み揚げ（60ページ）がよくあう。

きゅうりの塩もみ

きゅうりはタテに3本ストライプ状になるように皮をむき（包丁よりピーラーなら簡単）、両端のヘタを1センチくらい切りすて、なるべくおいしい塩をまぶして1時間ほどおく。

きゅうり全体から水がでてシンナリしたら、サツと水で洗い流し、うすすぎず厚すぎることなく……3ミリほどの厚さの輪切りにし、さらに水気をしぼる。うつわにきゅうりをもり、しらすをそえる。

このきゅうりの厚さがシンナリしつつもポリポリとした歯ざわりをのこし、夏らしい青くさいウリの香りと味をつたえる。まぶしおいた塩味がきゅうりの中に入っているので、あえてなにもふらず、かけずにいただく。

ゴーヤとゆで鶏の包み揚げ

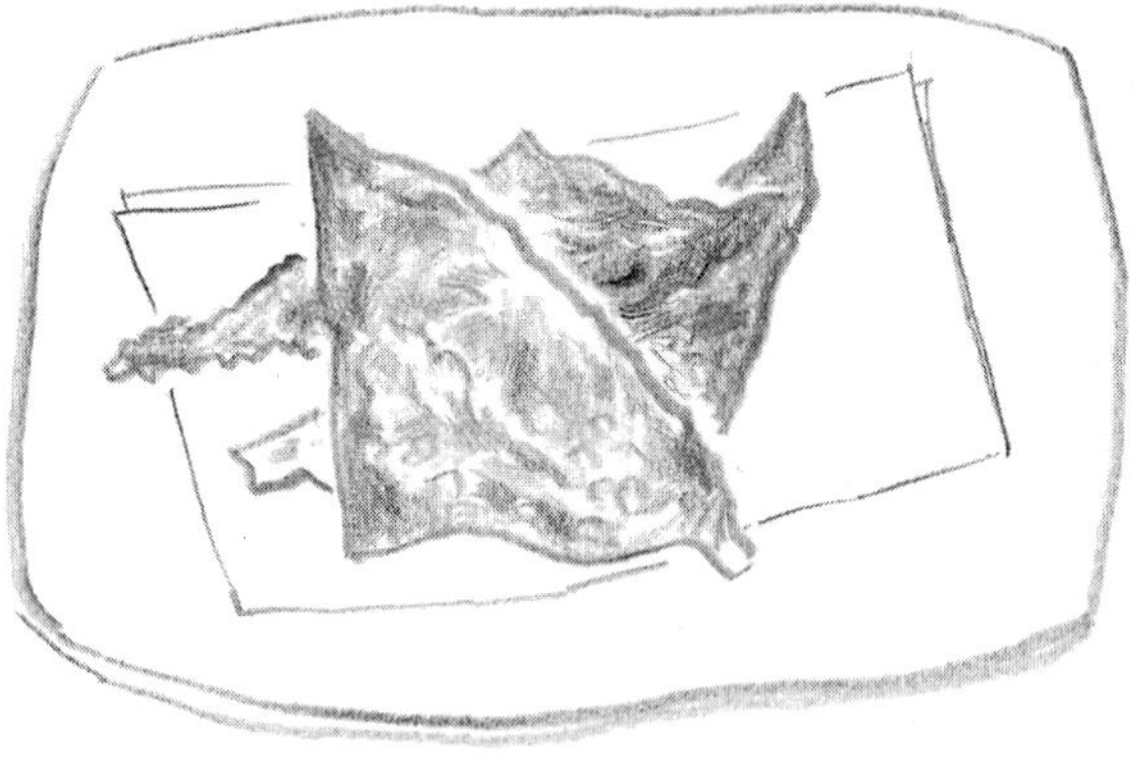

いまではすっかりポピュラーになったゴーヤ。夏になるとたべたくなる野菜のひとつ。その苦味のある味はほかにはない。たべると体の中がキレイになるような気がします。

まだゴーヤがそんなにポピュラーでなかった20年ほど前、「私はコレがいちばん好き」と、生ゴーヤのスライスにおかかとしょうゆをかけて船田さんはたべていたっけ。ひとくちもらうと、すっごく苦くて「おとなの味だ」と思ったもの。

ゴーヤは1本両ヘタを切りすて、タテに2等分にし中身をはずし、サッとゆがいておくと料理がしやすい。ゆがいたゴーヤ4分の1本はスライスし、塩をしておいた鶏もも肉2分の1枚は酒をいれた湯でゆがき、さめたら粗めにさいておく。

ボウルにゴーヤと鶏肉をいれ、少し塩をしてまぜあわせる。ワンタンの皮の中央にゴーヤと鶏肉の具をおき、三角に折り、あわせぐちに小麦粉の水溶きをつけ、くっつけておく。中温より少し高めの温度で揚げ、盛りつけたら上から塩をパラリ。

*分量の目安　ゴーヤ4分の1で14個分

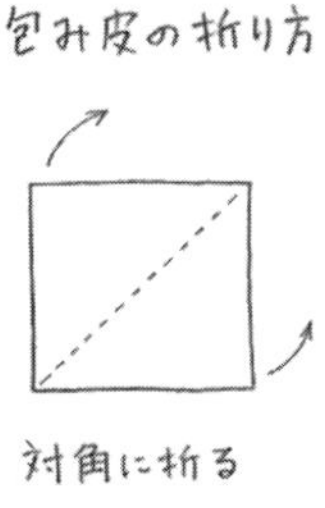

うなきゅう

うなぎひと串を温めて、串をはずす（温めると串がスンナリきれいにはずれるから）。

冷凍うなぎで十分。できればレンジで温めるときに、日本酒を霧吹きでサッとかけると、うまみがます。うなぎは、タテに２等分にし、さらに２センチ幅の短冊切りにする。

きゅうりはタテに３本ほど皮をむき、ななめに筋をいれ、塩をしておく。水分がでたらキッチンペーパーでふきとり、うすい輪切りにする。２人で２分の１本ほど。

うつわにうなぎときゅうりをもりあわせ、わさびを上にもり、うなぎのタレをかける。冷凍うなぎとはいえ、このひと品には本わさびといきたいところ。

枝豆だししょうゆ漬け

だししょうゆをつくる（2対1の割合）

だし：100cc　うす口しょうゆ：50cc　たかのつめ輪切り：少々

枝豆は塩ゆでにして、温かいうちにさやのまま、だししょうゆに漬けてさます。さやにも味がしみて、チュッチュッとつゆを吸いつつ、いただく。

メモ

枝豆のゆで方……ボウルに枝豆をいれ、サッと水をふりかけ塩をくわえてよくすりこみながら、よごれやうぶ毛をとる。このときの塩は安いものでよし。ザッと洗い流し、湯に塩をくわえてゆがく。好みのかたさにしあげるが、目安として豆のよい香りがしてきたら生ではないという証拠。ザルにあげたら、しあげにはおいしい上質の塩をふる。

イワシの塩ゆで

イワシは頭と内臓、うろこをとりのぞき、表と裏2か所ずつに切れめをいれ、ゆでたときに皮がめくれないようにしておく。イワシの身や表面の皮が煮くずれないように注意する。うつくしい姿もおいしい味につながるから。こいめの塩水に、ネギの青いところと生姜のスライス、そして酒を少々くわえて強火で煮たたせて、野菜の香りをひきだしてから中火におとす。そこにイワシを静かにいれて、5分ほどコトコトとゆで、鍋ごとさます。この料理はシンプルゆえに素材の鮮度が勝負。魚の生ぐさみが気になるなら、ゆでるときに、にんにくをくわえてもいい。

粗熱がとれた常温でいただく。もりつけのときは、箸だと皮が傷つくので、素手でとりだし皿にもり、レモンをそえる。たっぷりのレモン汁をかけて、好みによりしょうゆをひとたらし。あるいはオリーブオイル、塩、こしょう、そしてレモン汁をかけると、白ワインにぴったりの洋風の肴となる。

＊分量の目安　1尾が1人分

火加減
ネギを入れたら
中火にして

くずし納豆豆腐

木綿豆腐4分の1個分を手でくずし、うつわにいれる。納豆小1パック（35グラムくらい）とねぎのみじん切り、しょうゆ、からしをまぜあわせ、豆腐の上にもり、さらに千切りにしたのりを上からもる。納豆をからめながらいただく。好みで漬けものやキムチのみじん切りをくわえてもおいしい。

オクラとのりの佃煮あえ（わさび風味）

あまり甘くない市販ののりの佃煮大さじ1に、ねぎのみじん切り大さじ2分の1、わさび少々（好みのからさに）をまぜあわせてうつわにもる。サッと色よくゆがいたオクラを小口切りにし、いっしょにもりあわせる。少しずつまぜながらいただく。

ささ身とかぶの梅ソースあえ

梅ドレッシングをつくる（鶏のささ身1本にかぶ1個分）

梅肉：小さじ2　水：小さじ2　砂糖：小さじ2
しょうゆ：小さじ1　わさび：少々

かぶは筋がのこらぬように皮を厚めにむき、放射状に16等分のくし型に切る。切ったかぶをボウルにいれ、かるく塩をしてシンナリさせて、水洗いをする。くきがキレイだったらゆがいてざく切りにしておく。鶏のささ身はうす切りにして、かるく片栗粉をまぶしてサッとゆがく。このとき、熱湯ではなく80度くらいの湯（コトコトとなるくらいの）で、しずかに火がとおるようにし、最後に冷水にとって肉をキュッとしめる。かぶの入ったボウルにゆでた鶏のささ身をくわえて、梅ドレッシングをいれあえる。わさびのピリリが夏バージョンのお味。

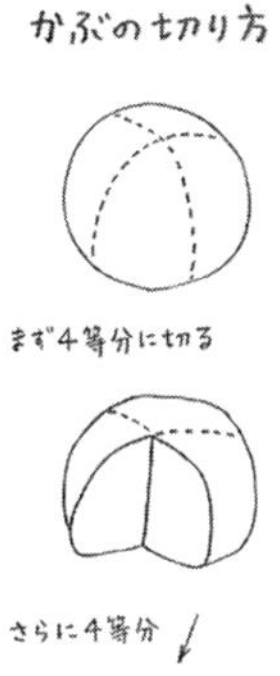
かぶの切り方
まず4等分に切る
さらに4等分

かつお塩たたき

かつおの半身は、両端を切りすて形をととのえて、全体に少しつよめに塩をしておく（この場合、粗めの塩があう）。

フライパンに少しのサラダ油をひき（身がくっつかないよう）、強火で熱し、かつおの血あいのある面から順に表面を焼きつける。全体が焼けたらフライパンからおろし、キッチンペーパーで包み、よぶんな水分をとり、さらに黒こしょうをかるくふる。つぎに幅1センチくらいに切りわけ、1人分4〜5切れをもり、細ねぎの小口切りをちらす。玉ねぎのうす切りをもりあわせる。

かつおの表面の焼きつけたカリカリ具合と、粗めの塩、そして黒こしょうが三位一体となり、ちょっとおつなかつおのたたきとなる。ビールによし、焼酎にもよくあう。

83　かつお塩たたき

笹かまワサビ漬けサンド

笹かまぼこの横腹に包丁をいれ、片側はくっついているように切る。ちょうど、ハンバーガーのバンズのように。中にワサビ漬けをつめて、横に2分の1にきりわけてもりつけ、好みでしょうゆを少したらしていただく。特別ではない、気軽にできるこんなつまみをいくつか知っているととても便利。ピリッとからい笹かまはビールとよくあう。

めかぶ もずくあえ

めかぶともずくをあわせ、かつお節少々とポン酢、おろし生姜、きゅうりの千切りをくわえてまぜあわせ、うつわにもる。上にみょうがの千切りを天もりにする。めかぶともずくのヌルヌルに、きゅうりとみょうがの歯ごたえがおいしい。のどごしも味のうち。梅雨時にぴったりの味。ポン酢のかわりに土佐酢でも、あるいは生酢でもよりサッパリとする。ぜいたくをいえば、さらにカニをあわせても。

空心菜のラー油あえ

空心菜《くうしんさい》って炒めるだけしか知らなかった。そんないつもの空心菜をゆでてみる。

空心菜1束は、葉とくきの部分に2等分に切りわける。葉とくきのかたさが違うので、別々にゆがき、水をきり、2センチくらいのざく切りにしボウルにいれる。しょうゆ小さじ1とほんのひとつまみの砂糖をくわえてよくまぜあわせ、さらにおいしいラー油をひとたらししてまぜる。

空心菜のおいしさの特徴、くきのシャリシャリ感と葉っぱの少しのネバリ感をたのしみたい。ほんのひとつまみの砂糖は、味のまるみ、まろやかさをだすポイントとなる。

船田さん

高校の帰り道に、気になる店があった。夕暮れの気ぜわしくも少し寂しい気分になるころに、その店だけはほんのりとあたたかそうだったから。時々かいまみる店の中の人たちの笑顔が妙に印象的で、「いいなあ……おとなたち」と思っていたものだ。そしてはじめてその店へ行ったころには、まだそんなにお酒はのめなかったし、お酒のたのしさもよくわからなかったけれど、「いいなあ」と思っていたおとなの世界に踏みいったうれしさがあった。

店の主は愉快で人のいい元気な親父さんと、サバサバとしたモダンで粋なおかみさんだった。

店に集まる人々も、いわゆるサラリーマンは少なくて個性的な仕事をもつ人が多かったように思う。背伸びしながらの会話は刺激もありとてもたのしかったし、なによりも料理のおいしさは抜群で、母のつくる家庭料理とはまたちがう味つけやもりつけのとりこになった。食い気からはじまり、そのおいしさにあうものといえばやはりそれは日本酒だった。

おいしいつまみをたべては日本酒を口にふくむ口福は、ここからはじまった。それまでは骨つきの魚料理は苦手だったのに、骨のまわりの肉をていねいにたべながらお酒を味わい、最後は目の下のほほの小さな肉をごほうびのようにいただく……そんな酒のみの風情をかっこいいなあなんてまねているうちに、いつしか魚が大好きになってしまった。おひたしひとつにしても、素材とだしとの味のかねあいや、うつわやもりつけぐあいにいたるまで、いちいち「なるほど」と感動していた。学生時代に陶芸をかじっていただけに、あたまでっかちのうつわ感とは違って、実際にたべものがもりつけられてのうつくしさを体験した。そのうつわやひとひねりある料理は、すべてこのおかみさんの手によるもので、思えばこのころに月謝ではらえないようなたくさんの経験をさせてもらっていたのだ。

おかみさんの名は船田キミヱさん、知れば知るほど魅力的な人だった。うつわが好きでかなりの収集があったし、店に毎日張りだされる経木に書かれた献立もかなり達筆で、時にはお茶会の懐石料理もこなし、着物もステキに着こなしてしまう。この人にふれて、やっぱり料理のおいしさにはその人自身の深さがでるのだと知った。

30歳になって決意した、フリーランスではじめた私の仕事とはケータリングサービスという、いわば出張パーティー料理屋。おいしい料理としつらえを届け、喜んでもらいたい、そんな思いがあった。料理経験なしの私の心強い相棒はその人、船田さんだった。

あき

ひゅるっと
秋風をかんじた晩は、
日本酒に焼きさんま
といきたいところ。
お酒のおいしい季節到来と、
にんまりする。

めざしごま衣揚げ

船田さんとケータリングをしていたときにうまれた大ヒット作。できれば少し高級なめざしで、塩分もあまりきつくないものをつかいたい。身がやわらかいから、1度冷蔵庫にいれて身を冷やしてしめておくことが大切。

めざしの頭は切りすて、おなかの部分も包丁をいれとりのぞく。めざしの尻尾をもち、小麦粉と片栗粉の同割につけてかるくはたき、とかないままの卵白（卵1個分で20匹はOK）をくぐらせ（卵白はといて空気が入るとこくがなくなるから）、全体に白ごまをまんべんなくみっちりつける。

中温の油で揚げる。白ごまが黄金色になったらできあがり。ごまが黒くなると苦味がでてしまうので注意。皿に大葉をしき3尾ほどもりつける。

クセになる味、どのお酒にもあう人気者。熱々でたべてもおいしいし、冷めてもうまい。

炒り豆腐

　木綿豆腐は湯の中で大きめにくずしわり、クツクツするまでゆがきザルにあげて水分をきる。にんじんは千切りにしサッと湯どおししておく。しいたけはスライスし、小松菜はボイルしざく切りにしておく。

　フライパンにサラダ油とごま油の同割をいれ火にかけて、豆腐とにんじん、しいたけを炒め、砂糖・しょうゆ・酒各大さじ1をくわえ、さらにこくがでるように揚げ玉（市販のもので十分）を大さじ1いれて、最後に青みとして小松菜をいれ炒めあわせる。

＊分量の目安　木綿豆腐2分の1丁、にんじん4分の1本、しいたけ2個、小松菜2分の1株

メモ
揚げ玉は少量くわえるだけで、こくとうまみがます。おからのときにも同様、揚げ玉をいれたりオイルを少々くわえて全体にシットリさせるとおいしい。

芝エビ塩ソテー

芝エビは、おなかを上にして頭といっしょに背わたを引っぱりだしてはずす。このときに、背わたがとれなかったら、楊枝ですくいとる。頭と背わたをとった芝エビはボウルにいれ、片栗粉と塩をくわえてまぜあわせ、さらに水をいれて手でかるく水洗いし、水けをきる。

フライパンにサラダ油をひき、芝エビをいれ強火であおり、塩をパラリとふり、キッチンペーパーの上にあげ、よぶんな水分と油分をきる。芝エビがパサパサにならない程度に火をいれる。ボイルするよりも早いし、揚げるよりもかるいしあがり。このやわらかさと甘みが絶妙。

〆さば

まず、三枚におろしたさばの腹骨部分を切りおとし、バットなどの平らな容器に塩をしき皮側を下にして、ベタ塩（身が白くなるほどギッシリと塩をする状態）にし、常温で1時間半ほどおく。塩を水で洗い流し、キッチンペーパーで水分をふきとりバットにいれて酢をヒタヒタになるまでそそぎ、身側を下にして15〜30分おく（この時間は、好みの〆具合になるようにみはからって）。

酢から身をあげてバットにうつし、冷蔵庫にいれて30分〜1時間おき身をしめる。つぎに小骨をぬき、皮をひき、刺身に切りわけうつわにもり、大葉やきゅうりをそえる。

〆さばが自分でおいしくできればしめたもの。イキのいいさばが手に入ったら、ぜひ挑戦したい。

97　〆さば

焼き〆さば

半身の〆さばを3等分にして（3分の1が1人分くらい）焼き、皿にもる。くし型に切ったすだちと大根おろしをそえて。

はじめはすだちのしぼり汁のみをかけて、酸味のきいたおいしい味わい。つぎにすだちのしぼり汁＋大根おろしといっしょにいただく。あえてしょうゆなしで。ちょっと品のあるスッキリとした味わいとなる。ぜひ二味楽しみたいもの。さらにお酒がすすむこと、まちがいなし。

メモ
〆さばを1度にたべきらないときは、こんなふうに焼いてたべてもまたたのしい。

99　焼き〆さば

なすのマリネ

なすを切る。左図のように皮をむき、塩をする。表面に水がでてきたらサッと洗い、水分をふきとる。

高温で20秒くらい素揚げにする。ボウルに揚げなすをいれ、塩少々をふり、にんにくのみじん切り少々と酢小さじ1をシャッとかけまぜる。ビールのつまみに、ごはんのおかずにぴったり。

＊分量の目安　なす2個

なすの下ごしらえのやり方

1. 両端を切る

2、ピーラーで4本くらい
タテに皮をむく

3、ふたつに切り 塩をふって
10分ほどおく

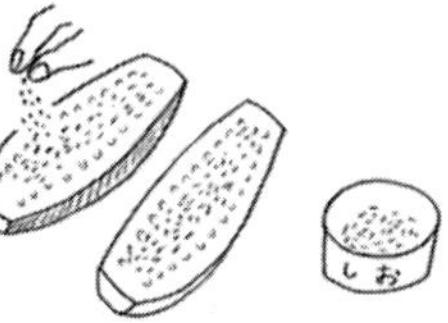

4、水分がでてきたら ふきとる
このひと手間が おいしさのヒケツ

5、ヨコに ふたつに切る

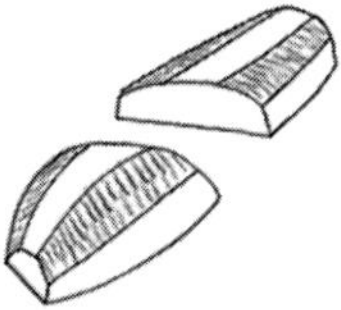

和風コールスロー

ボウルににんじん3分の1本分の千切り、玉ねぎ2分の1個分のうす切りをあわせて、塩小さじ1でよくあえておく。

つぎに、べつの大きいボウルに、キャベツ2分の1個分の千切りをいれ、先に塩をしておいたにんじん、玉ねぎの千切りをくわえてサックリまぜあわせる。さらに砂糖大さじ1、酢大さじ3、サラダ油大さじ4をいれてあわせる。上から皿を何枚かかさねてのせるか、おもしになるものをのせ、1時間くらいおく。

ここに香味野菜（みょうが、大葉、生姜の千切り）、きゅうり（塩もみうす切り）とワカメのざく切りをくわえて、ポン酢をまわしかけ、まぜあわせて和風のコールスローとする。あえてトマトはまぜずに、皿にもりあわせる。こうしてサラダとしてたっぷりいただくか、酒のつまみにするなら、しらすなどをくわえて。

103　和風コールスロー

砂肝のやわらか煮

砂肝はヒタヒタより多めの水にいれ、ねぎの青い部分と生姜のスライス、塩少々をくわえる。煮たつまでは強火で、そのあとは弱火でアクをとりながら1時間以上コトコト煮る。とちゅう煮汁がすくなくなったら水をたす。

砂肝に串を刺してスッととおるくらいにやわらかくなったら火をとめ、そのままさます。さめた砂肝はうすくスライスして、塩、ごま油であえ、ななめうす切りにし水にさらした白ねぎとザックリとまぜあわせる。

内臓系の苦手な人でも、きっとおいしくめしあがれるはず。

メモ

＊砂肝の歯ごたえと、ねぎのシャキシャキ感がごま油でまとまり、ひとくちたべると思わず「ビール」とさけびたくなるひと品。

＊砂肝はスライスをしないで片栗粉をまぶして揚げ、塩をふりレモンをしぼっても、またおいしい。

105　砂肝のやわらか煮

揚げなすとトマトの煮びたし

なすはへたをとり、タテに2等分にし、皮めに切りこみをいれる。さらにヨコに2等分にする。油は高温よりやや低めの温度に熱し、皮を下にむけて揚げ、目安としては切れめの皮がチリッと身のほうへ入るかんじになったらとりだす。揚げたなすは身を下にして油をきり、さます。このときに、なすどうしを重ねないようにすること。重ねてしまうと、うつくしく紫色をした表面の色がとんでしまうので要注意。

別鍋でつゆをつくる（10対1対1の割合）
だし：150cc　みりん：15cc　うすロしょうゆ：15cc

つゆを温め、にんにくのうす切り、千切り生姜、豚バラ肉2枚分のざく切り、トマトの乱切りをくわえ、火をいれる。うつわになす、豚肉、トマトをもりつけ、つゆをはり、青ねぎの小口切りを上からふる。

色どりもうつくしくクセになりそうな味。ワインにもよくあう。
＊分量の目安　なす1個、トマト1個、豚バラ肉2枚

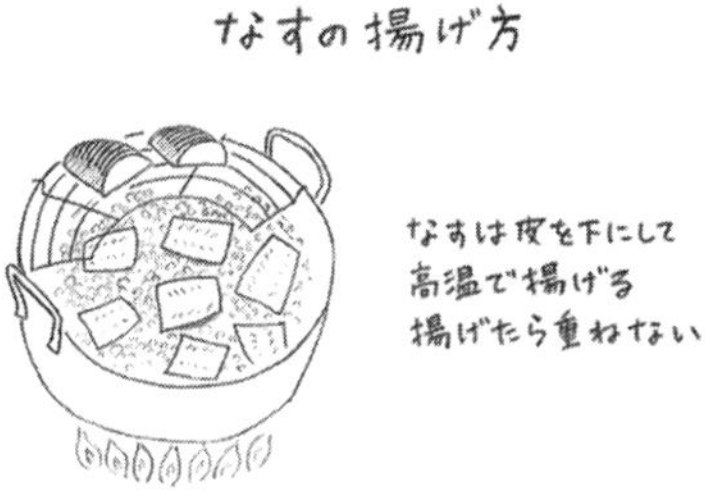
なすの揚げ方
なすは皮を下にして
高温で揚げる
揚げたら重ねない

まぐろ漬け

まぐろの刺身を、2種類の〝たれ〟で2倍楽しむ。2種類の味わいがまったく違うからおもしろい。船田さんいわく、新鮮で安いものは、手間をかけてよりおいしく食べたい。

まずは〝たれ〟をつくる。

しょうゆだれ

しょうゆ：100cc　酒：大さじ2　みりん：大さじ2

材料を鍋にいれて煮きる（アルコール分をとばす）。

そこへかつお節1パック（5グラム目安）をくわえてだし味をつけ、キッチンペーパーやさらし布でこして、5センチほどの昆布をいれておく。

中トロのサクは2等分にする。半分の中トロを湯がき、まわりが白くなったら氷水にはなし、キッチンペーパーで水分をふきとってしょうゆだれに30分から1時間くらい漬けこむ。

ごまだれ

ねりごま：大さじ3　酒：大さじ2　みりん：大さじ2　しょうゆ：大さじ5

酒、みりん、しょうゆをあわせ、ひと煮たちさせ、ねりごまにすこしずつまぜ、よくねりあわせる。

残りの半分の中トロを切ってごまだれをからませ、うつわにもり、上から細ねぎの小口切りをちらす。冷酒やよく冷えた辛口の白ワインでどうぞ。

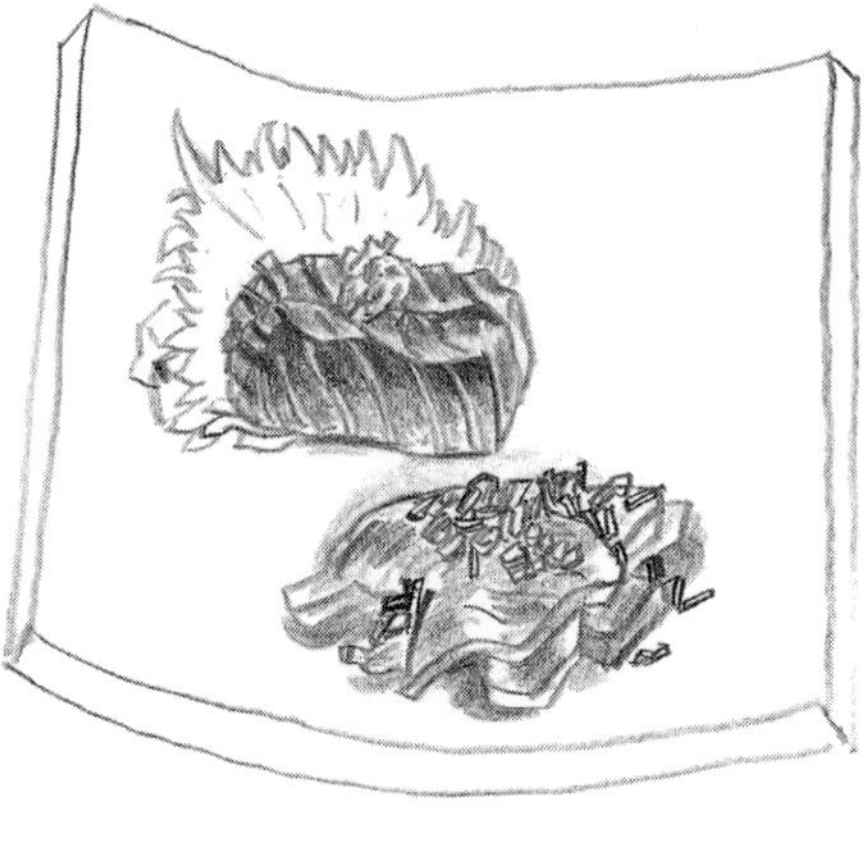

あじフライ

あじフライは全長20センチくらいの大きめで、身が厚いくらいのものでつくるとおいしい。

あじは三枚におろし、ゼイゴをはずす。身のほうに塩・こしょうをふっておく。

小麦粉と片栗粉の同割をはたき、全卵の溶き卵をくぐらせて、生パン粉をつける。

180度の油でカラッと揚げ、たべやすい大きさに切りわけ、もりつける。

アツアツのところにウスターソースをかけていただく。あじフライには、やっぱりウスターソースがきまり。

＊分量の目安　三枚におろした半身が1人分

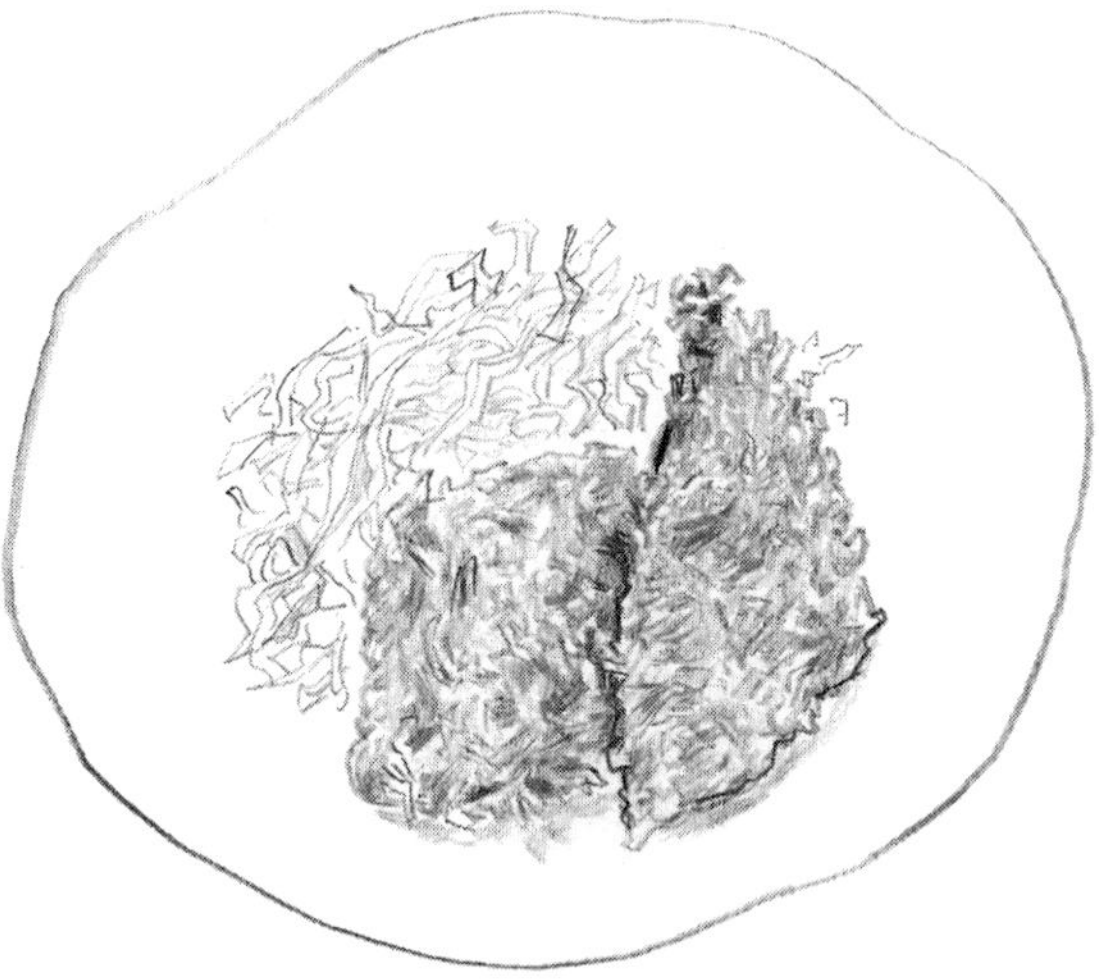

さば一夜干しから揚げ

さばの文化干し（一般的には三枚におろした形）の両端を切りおとし、形をととのえて、2センチ幅に切りわける。つぎに小麦粉と片栗粉の同割をかるくまぶして揚げる。

皿にもりつけ、大根おろしとレモンをそえる。しょうゆはつかわずに、あえて大根おろしとレモン汁をたっぷりしぼり、揚げさばといっしょにいただく。焼くよりも、むしろさっぱりした味わいになるから不思議。

刺身こんにゃくと たこの酢味噌あえ

刺身こんにゃくとたこの刺身を食べやすいサイズで同じくらいの大きさに切りそろえる。少量のあえものなので、酢味噌をわざわざつくらなくても、刺身こんにゃくについている味噌に、ねりがらし少しと（好みのからさに）ねぎのみじん切り少々をいれあわせ、こんにゃくとたことあえる。

できれば青のりいりの刺身こんにゃくだと、のりの風味がきいて、たことよくあう。

焼きなす二味《ふたあじ》

なすは丸のままヘタを切らずに、タテに3～4本浅く包丁をいれて、強火の網の上で炭化するくらいまでジックリと焼く。焼きあがったら熱々のうちに皮をむく。なすは水に漬けずに、ボウルに流し水をうけて、自分の手を冷やしながら急いで皮をむく。

まずひと味め（かけて味わう）。

なすはまな板の上でコゲなどこそげ落とし、ヘタを切りすて、タテに2等分、そしてさらにヨコに2等分に切りわける。うつわにもり、おろし生姜を天もりにしじょうゆをかける。

つぎにふた味め（漬けて味わう）。

なすは同様に切り、だし10に対ししょうゆ1の漬け汁に漬けておく。うつわにもり、漬け汁をかけ、かつお節を少々もる。焼きなすで二味をたのしむ、小さなシアワセ。

バラ肉ソテーと辛味大根おろし

辛味大根を使い、ピリッとからい大根おろしをつくる。辛味大根はよく洗って、皮ごとおろす（皮ごとでないとからくならないから要注意！）。おろしたてがいちばんからい。水分が少なければ、ふつうの大根おろしをたしておぎなう。

豚バラ肉のスライスは、2等分に切り、下味としてかるく塩をふっておく。つぎに油なしのフライパンでサッと焼き、キッチンペーパーでかるく油をきり皿にもり、しょうゆと酒の同割をかけて、大根おろしをそえる。辛味大根のからさで肉をさっぱりとたべる。

焼き肉の玉ねぎソースそえ

たまにはコッテリとした焼き肉を、玉ねぎでサッパリといただく。

玉ねぎ2分の1個をできる限りうすくスライスし、ボウルにいれ、サラダ油小さじ1、しょうゆ小さじ1、酒小さじ1をくわえて手でかるくあえておく。

牛カルビ肉は裏表に塩・こしょうをふり、グリルパンあるいはフライパンに少量のサラダ油をひき、強火でサッと焼く。

皿にさきにあえた玉ねぎをもり、焼いた肉を1人2枚ほどもりつける。うっすらとした味つけ具合の玉ねぎを包みこむように肉を巻き、ひとたび口にいれると、肉汁とたまねぎがからみあいおいしいハーモニーがうまれる。

ごはんのおかずの焼き肉なら、バクバクと何枚もいってしまうところが、酒の肴となると、少しの量をジックリ味わいながら酒とともにたのしみたい。ことに焼き肉をたべおわり、のこった玉ねぎと肉汁をからませてチビチビとやるおいしさは、これでもう1杯……となる酒のみ好みのおたのしみ。

117　焼き肉の玉ねぎソースそえ

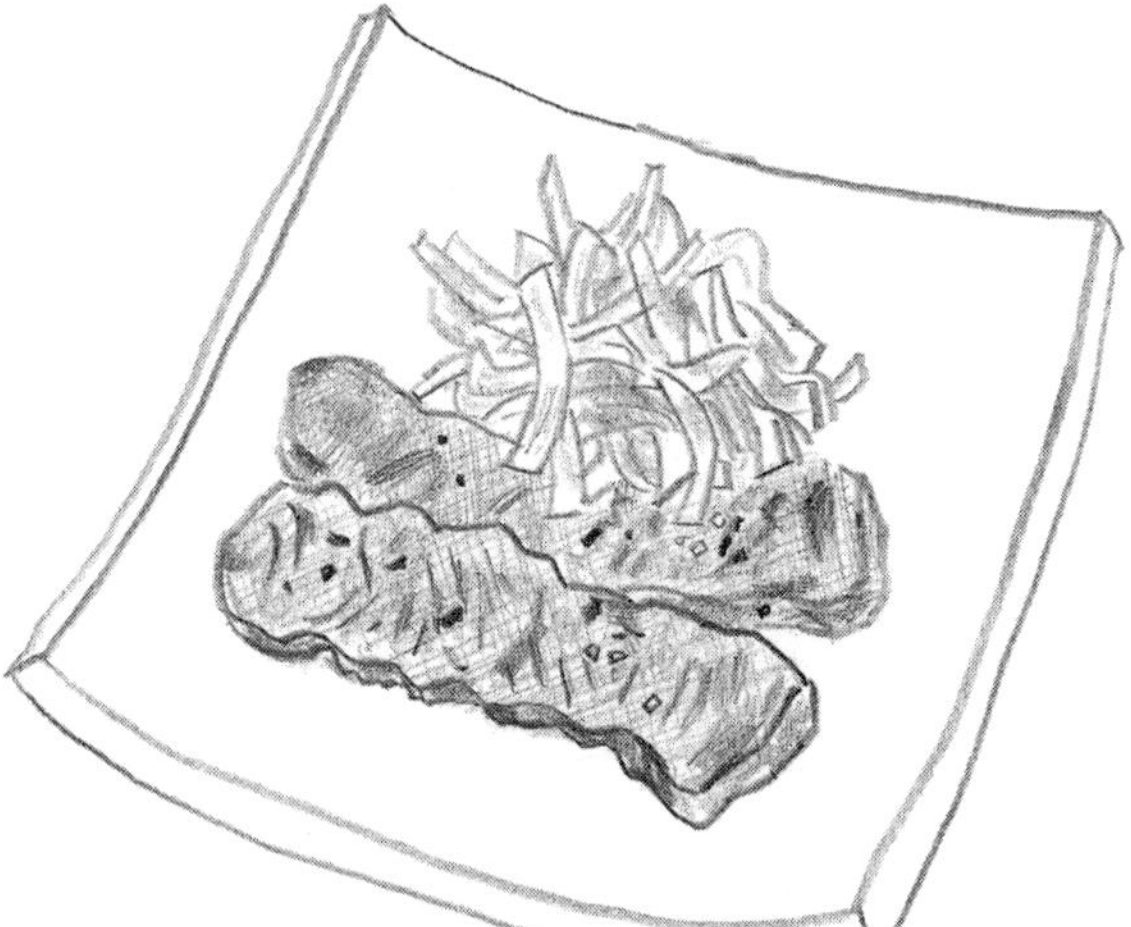

じゃこチーズせんべい

フライパンにうすくサラダ油をひいて弱火にし、シート状（10センチ角程度）の溶けるチーズをおき、ブクブクしてきたら小女子《こうなご》をたっぷりのせてジックリと焼く。さらに裏がえし焼きあげ、キッチンペーパーの上においで冷ます。パリッとしたら、たべやすい大きさに切りわける。

メモ
船田さんはちょっと歯ごたえのある小女子が好き。
じゃこイロイロ
＊しらす・ちりめんじゃこ…イワシ類の稚魚のこと。加工のちがいでよびかたがかわる。しらすは、釜ゆでしたもの。ちりめんじゃこは天日干しで、乾燥させたもの。
＊小女子…イカナゴの稚魚を乾燥させたもの。

サンマのマリネ

　新鮮なサンマ1尾を三枚におろし、腹身にのみ塩をしておく。この間にまぜあわせるセロリ5センチほどと、玉ねぎ4分の1個分のうす切りに塩、こしょう、酢をあわせてシンナリさせておく。

　サンマはキッチンペーパーをしき、上にのせて皮をひく。こうするとよぶんな水分も吸収するし、身がすべらないので作業がしやすい。皮をひいたサンマは1センチ幅のななめ切りにし、ボウルにいれる。

　つぎに細ねぎの小口切り、白こしょう、パセリのみじん切り、酢小さじ2、オリーブオイル小さじ2をくわえて、さらにつくっておいたセロリと玉ねぎのあわせたものとサックリあえる。前々からつくっておくよりも、たべる寸前にサッとしあげたほうがおいしい。

　秋にはかかせない焼きサンマにあきたら、たまにはこんなマリネで、からめの冷えた白ワインをたのしむのもいい。

アンチョビバター

アンチョビの油をキッチンペーパーの上できり、おろしにんにく少々とオリーブオイルでマリネする。パンはスライスし、上に無塩バターのうすいスライスをのせ、アンチョビ、パセリのみじん切り、黒こしょうをふる。バターはよく冷やしておいて、かためのものを。

いろいろなパン（フランスパン、ぶどうパン、カンパーニュなど）との組みあわせでたのしみたい。ぜひ白ワインを。

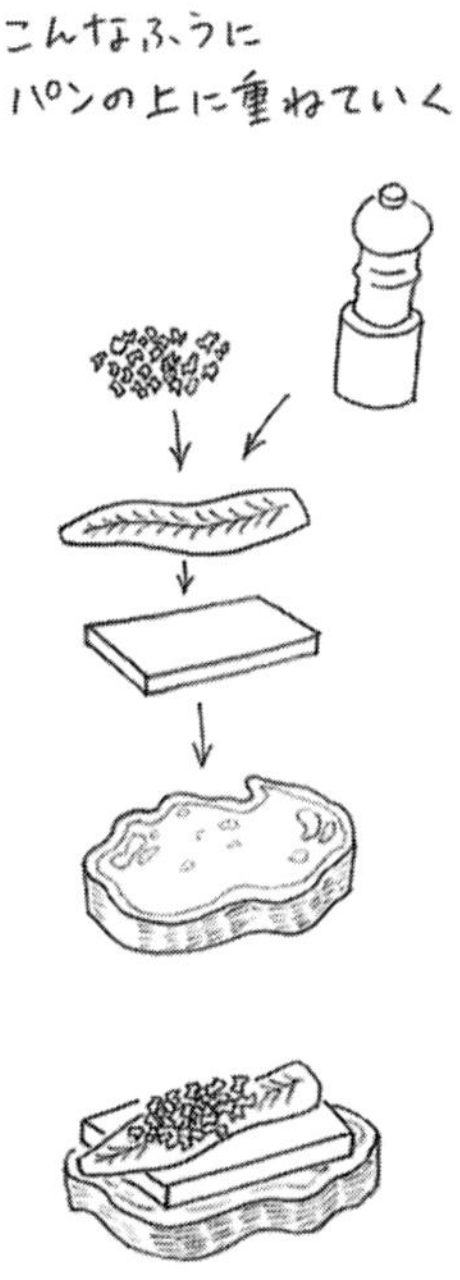

銀杏焼き

銀杏の殻は、あらかじめトンカチなどでかるくたたいて、亀裂《きれつ》をいれておく。

フライパンに大さじ2~3ほどの塩をしき、銀杏をいれ、中火にかける。時々ゆすりながら（約10分くらい）、プチプチッと音がして亀裂がさらに開き、殻にうっすらこげめがついたらできあがり。

皿にはあらたに塩をひき、殻ごとの銀杏をもり、殻を割りながら、実に塩をつけていただく。中からでてくる銀杏の実は、ツヤツヤとしてうつくしい黄緑色。口にふくみかじると、そのネッチリとした食感とわずかな苦味が秋の到来をかんじさせる。日本酒のおいしい季節がやってきたと、しみじみ思うシアワセなひととき。

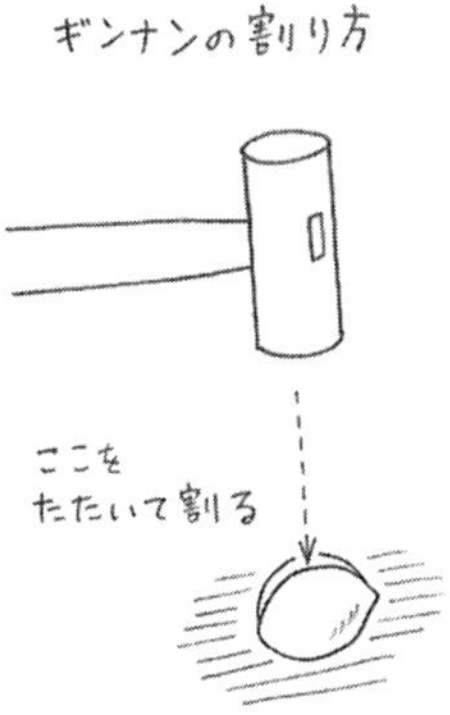

秋ごぼうのごまあえ

秋のごぼうは香りがよく、こくがでてきておいしい。

ごまだれをつくる（ごぼう1本に対して）
半ずりの白ごま：大さじ4　うす口しょうゆ：大さじ2
砂糖：大さじ1と2分の1　塩：ほんの少し　サラダ油：小さじ1
をよくまぜあわせておく。

ごぼうを洗い、鍋の大きさにあわせて長さを切り、酢をいれた湯で20分前後ゆがく。この場合、繊維が少しのこるくらいのやわらかめにゆでるほうがいい。太すぎるごぼうなら、タテ半分に切ってつかう。
ゆがいたごぼうは5センチ長さに切りわけ、麺棒などでたたく（繊維をくだく）。
ごぼうの温かいうちにごまだれとあわせる。

父

いま思えば、父はそうとうののんべえだったのだと思う。毎日の晩しゃくはかかさず。帰宅し風呂をあび、家族が席につくまえには、晩ごはんをつくる母の背中を相手にはじめる。母もこころえたもので、晩ごはんをつくりながら手早く肴を何品かこさえる。それは、わたしたち子どもの口には入らないものもある。たとえば父の好物のすき焼きが小鍋に、そして昼間に焼いておいたくさやの干物や、たくわんの古漬けの千切りにおろし生姜をあえたもの……など5〜6品はある。

晩ごはんのお膳の用意は私の役割。お茶碗などならべながら、横目で今晩の父の肴を盗み見る。冬ならば、ときにはお酒の燗をつけて、と父から注文が入る。ストーブの上にのったお湯をはった鍋に、日本酒の入ったガラスの燗つけをいれる。ころあいをみはからって、「気をつけろよ」と声をかけられながら緊張したおももちでそれを父のまえにおく。「おっ、ちょうどいいなあ」なんてほめられると、みょうにうれしかったものだ。父は熱燗が好きだった。

日曜日は昼間から、夏ならビール、冬ならウイスキーのお湯わりをチビリとやっていた。夕方になると、「たまには銭湯へ行こう」といっしょにつれだされる。なんの疑問もなく父とともに男湯に入り、気がつけばなぜか、のみ屋のカウンターで父のすわっている横に立ち、鼻もとをくすぐるモツ煮を「いいにおいだなあ」なんてかいでいる。そして家に帰ると、そんなことなにもなかったようにいつもの晩ごはんがはじまるのだ。これは暗黙のうちに「お母さんには内緒」なことだった。この秘めごとがたぶん、私の酒のみごころのルーツになっている気がする。

そういえば、父といっしょにのみにいったことなど一度もなかったなと思う。まあ、父親と息子ならそんな図もありなんだろうけれど、なんだかそんなのてれくさくてできなかったし、父も私がここまでのめる娘だとは思ってもみなかっただろうから、さしでのんだ日にはさぞや驚いたことだろう。だけど私の好きなのみ屋といったら、その昔の記憶の中にあるカウンターだけのちっぽけな、あたたかみのある店ばかり。ちょっとキュンとした気持ちになりそうなぐらいのわびた店が好きだ。人にいわせれば、かなりの親父のみらしい。

「あおやぎとわけぎのぬた、それと熱燗ね」。たのんでから思わず苦笑いする。好みは父とよく似ている。

今夜も　はじまり　はじまり♪〜

今日の気分は
どれかな。
端から順に
いっとくか……

おでこもピカリ、絶好調。
酒のみのほほえみ、ふたつ

よく たべ
よく のむ。
そろそろ
船田さんも
スタート

ホレ、どうだ。
思わず
よだれ ゴクリ

手つきは こんなで……

「おっ、もうちょっと ちょっと」

まずは　おしぼり。
「ようこそ」

居酒屋"たかはし"開店。「かんぱーい」

「あー シアワセだねェ」の図。
かっこいいなぁ、オヤジな私……

ふゆ

寒い夜、
少し甘めの煮つけなどを
こくのある熱燗でチビリとやりたい。
煮汁は明日の
おいしい煮こごり、
これでまたもう一杯。

白菜のホットサラダ

白菜の葉3枚を、葉先は手でちぎりたべやすい大きさにし、白い厚いところは4〜5センチの棒状に切る。舞茸、えのき茸は房からわけてバラバラにし、鶏のささ身はゆでて細かくさいておく。すべての材料を大きめのボウルにいれ、塩・こしょうをふり、サラダ油をひとまわしかけ、電子レンジで1分40秒ほど調理する。全体がシンナリとしたら、しあげにポン酢をかけ、たっぷりと白ごまをふりサックリとあわせてうつわにもる。

白菜にかえて、ほうれん草やねぎでもおいしい。サッパリ加減がたくさんたべたくなる味。

白菜と春菊のとろろ昆布煮

「船田流あわせだし」をつくる

だし：200cc　うす口しょうゆ：20cc　酒：20cc

白菜は1センチ幅、長さ4〜5センチの短冊切りにする。春菊はざく切りにし、歯ざわりをあわせたいので、くきはいれない。鍋にあわせだしをいれ、白菜と春菊を煮る。途中、たべやすく切ったとろろ昆布を10グラムほどくわえてくったりと煮えたらできあがり。うつわにもりつけ、黒七味をふる。煮えた春菊のほろ苦さがおとなの味。とろろ昆布はこうして調味料としてつかうテもある。

＊分量の目安　とろろ昆布10グラムに対して白菜1枚、春菊1房くらい

141　白菜と春菊のとろろ昆布煮

鶏むね肉の治部煮

秋冬にはこんな、ちょっと濃いめのこっくり味がおススメ。

鶏むね肉は皮と身にわける。身はひと口大にそぎ切りにし、酒をふり、片栗粉をまぶしておく。このときにでたよぶんな皮などは、こくをだすために煮汁にいれるので、とっておくこと。煮たった湯で鶏むね肉をゆがき、冷水にいれ粗熱をとり、あげておく。

つぎに煮汁の酒・みりん各100cc、しょうゆ50cc、水250ccを鍋にいれ、ねぎと生姜のスライス、鶏皮をくわえて煮たたせて、そこにゆがいた鶏と焼き豆腐をいれ、さらにひと煮たちさせる。うつわに鶏肉、焼き豆腐をもり、ゆでた小松菜を色どりよくそえて煮汁をはる。柚子をのせ、好みで七味を。

おいしい料理には必ずひと手間あり。サッとゆがいた鶏肉をいったん冷水にとることによって、身もしまり、よぶんなトロミもとれる。

ねぎの塩、こしょう炒め

ねぎは一年中でまわっているけれど、やはり冬場の甘いねぎでつくるとなおいっそうおいしい。酒の肴なので、何よりもねぎを多めにする。肉を多めにすればごはんのおかずとなるひと品。

ねぎは1本分の白いところから青い部分まで、1センチ幅のななめ切りにする。豚バラ肉1枚は3センチ幅に切る。

フライパンにサラダ油を少しひき、強火にし、豚バラ肉をいれサッと火をとおす。肉をフライパンの片方によせて、あいているところにネギをくわえて、あまりセカセカと動かすことなく、肉からでたおいしい脂をからませこげめがつく程度に焼き、よせておいた肉といっしょに炒めあわせ酒、塩・こしょうで調味する。

帆立貝の鹿《か》の子《こ》焼き

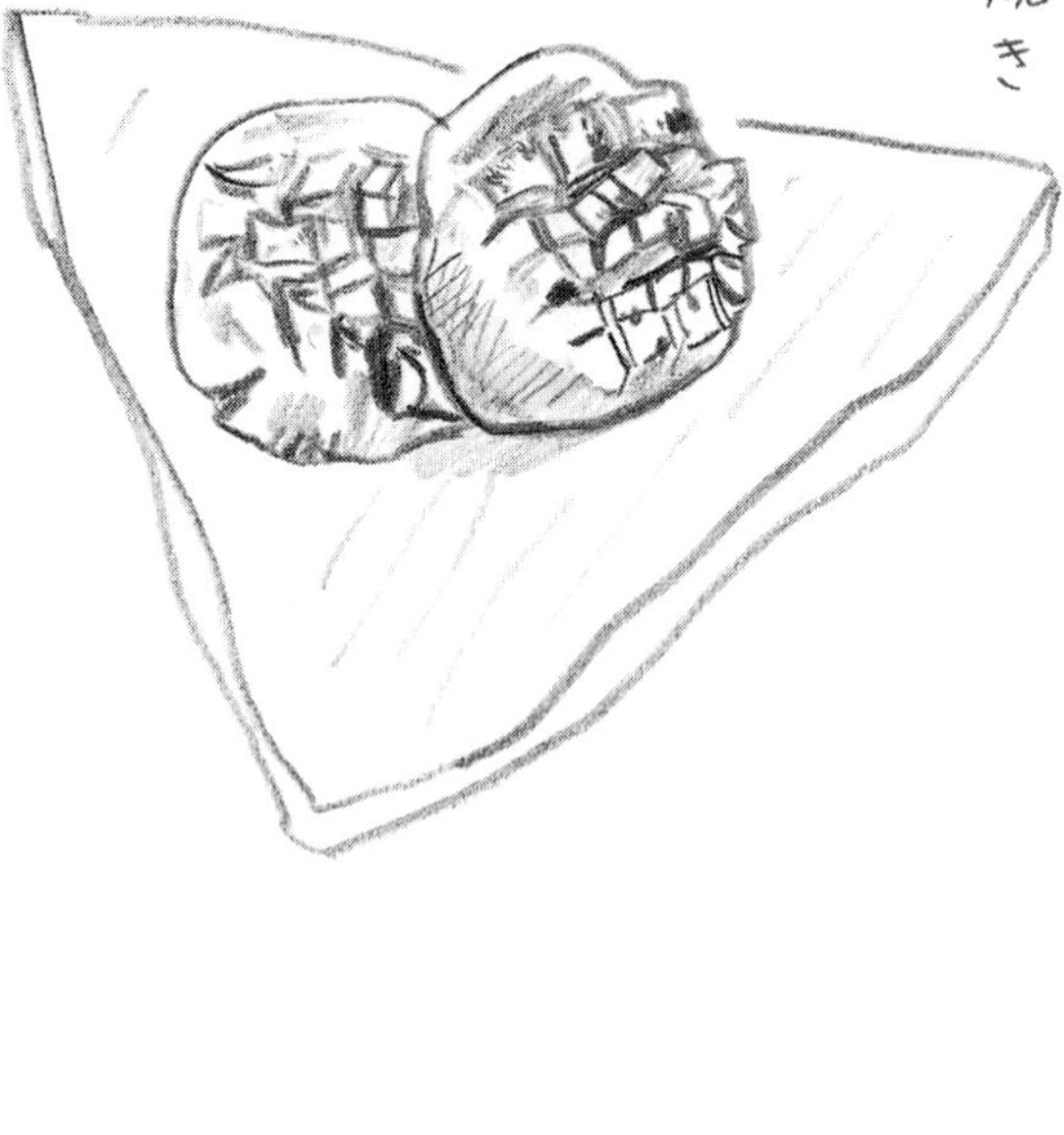

刺身用の帆立貝に、片面、鹿の子状の切れ目をいれる。フライパンを熱し少なめのサラダ油をひき、鹿の子に包丁をいれた面を焼き、少しこげ色がついたらかえして火をとめる。余熱で火がとおるくらいにして（30秒程度）、その間に柚子こしょうとしょうゆをあわせたタレをぬる。

＊分量の目安　2個が1人分

メモ

貝はサッと火をいれると甘みがでておいしくなるので、ぜひ自然の甘みを味わいたい。ジックリと焼くと水分がでてしまうので要注意。

帆立貝の切れ目のいれ方
格子状に包丁で
切れ目をいれる
包丁をいれる深さは
帆立貝の厚みの1/3程度

山芋の素揚げ

山芋は皮ごと洗い、1センチ幅の輪切りにし、酢水に漬けぬめりをとり、キッチンペーパーなどで水けをとる。フライパンにサラダ油を1センチくらいいれ、中温で両面を素揚げにし、1人2切れほどを皿にもり、塩・こしょうをふる。

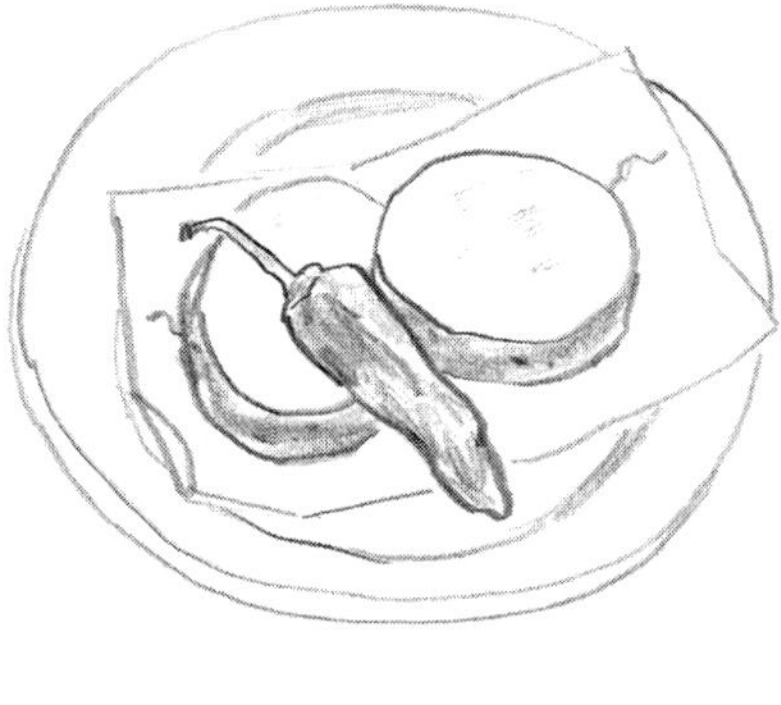

水菜のおひたし

歯ざわりのよい水菜をサッとゆがいて水にはなし、水分をよくきってから4センチの長さに切りわけ、うす味の漬け汁（だし10対うす口しょうゆ1の割合）に、最低でも小1時間は漬けこんでおく。

生姜とみょうがは千切りにし水にさらしてピンとさせ、うつわにもった水菜の上に天もりにし、まぜあわせながらいただく。

水菜とひじきのサラダ

芽ひじきは水でもどして、水分をきり、にんじんは4センチの長さの千切りにし、「船田流あわせだし」（だし10対うす口しょうゆ1対酒1）でいっしょにサッと煮て汁ごとさましておく。

鶏ささ身は、塩、酒少々をくわえた水を煮たたせたところにいれ、ふたたび煮たったら火をとめ、ふたをしてそのまますます。さめたら手で細かくさいて、つかう直前まで汁にひたしておくように。

水菜、ルッコラは4センチの長さに切り、水にはなしてパリッとさせたあと、水分をよくきり、大きめのボウルへいれる。そこへ千切り生姜をくわえる。つぎに芽ひじき、にんじん、そして鶏ささ身の汁をきり、くわえあわせる。塩・こしょうをふり、サラダ油をひとまわし、ポン酢を少々くわえて、全体をよくまぜあわせうつわにもり、上から半ずりの白ごまを多めにふる。

洋風でもなくエスニックでもないこの味は、なぜかとてもしたしみ深い味わい。ひと口たべるとだれもが「もっとたべたい、ボウルいっぱいたべられる」という、そんな人気者サラダ。
＊分量の目安　水菜3株、ルッコラ2株、芽ひじき大さじ3、ささ身1本

ねぎチャーシュー　からしじょうゆ

ねりがらしとしょうゆをあわせておく。サンチュにチャーシューのスライスを2〜3枚のせて、上からからしじょうゆをぬり、さらした白髪ねぎをのせ、包んでたべる。

シンプルなものほど素材を吟味すること。だからおいしいチャーシューをつかいたい。包み方もイロイロ。今回は四方から折り、楊枝どめ。口にほおばると、ついビールに手がのびる味。

イクラしょうゆ漬け

おいしいイクラしょうゆ漬けをつくるには、段どりが大切。

まず漬け汁をつくる。しょうゆと酒の同割をつくり（各50cc）、ひと煮たちさせてアルコール分をとばし、さましておく。

小ぶりのボウルに湯200ccを注ぎいれ、塩を大さじ1くわえてよくまぜあわせ、塩水をつくっておく。あとからイクラの赤さをもどすための塩水となる。

べつの広口ボウルに湯をいれ、水をたして、ちょっと熱めの湯（手をいれられるくらい）の温度にして、そこへイクラをひと腹つける。熱いうちに指の腹を使ってイクラをバラしてはずす。イクラがあらましはずれたら湯をすてて、あらたに水をそそぎ、よごれとうす皮をとりのぞく。これを何度かくりかえしすすぎ、白っぽく変色したイクラをザルにあげる。つくっておいた塩水に冷たい水を少したして（少ししょっぱいと感じるくらいの塩味で）、そこにイクラをいれ、1分くらいおく。

そうすると、みるみるうちにうつくしい赤いイクラによみがえり、光沢がでる。

イクラの水分をよくきり、漬け汁大さじ1をくわえて、最低でも2～3時間漬けこむ。汁にヒタヒタに漬けると、しょっぱくなりすぎるので、このくらいの割合であえる程度。

うつわにもりつけ柚子やワサビとあえてよし、あるいは大根おろしあえもいい。

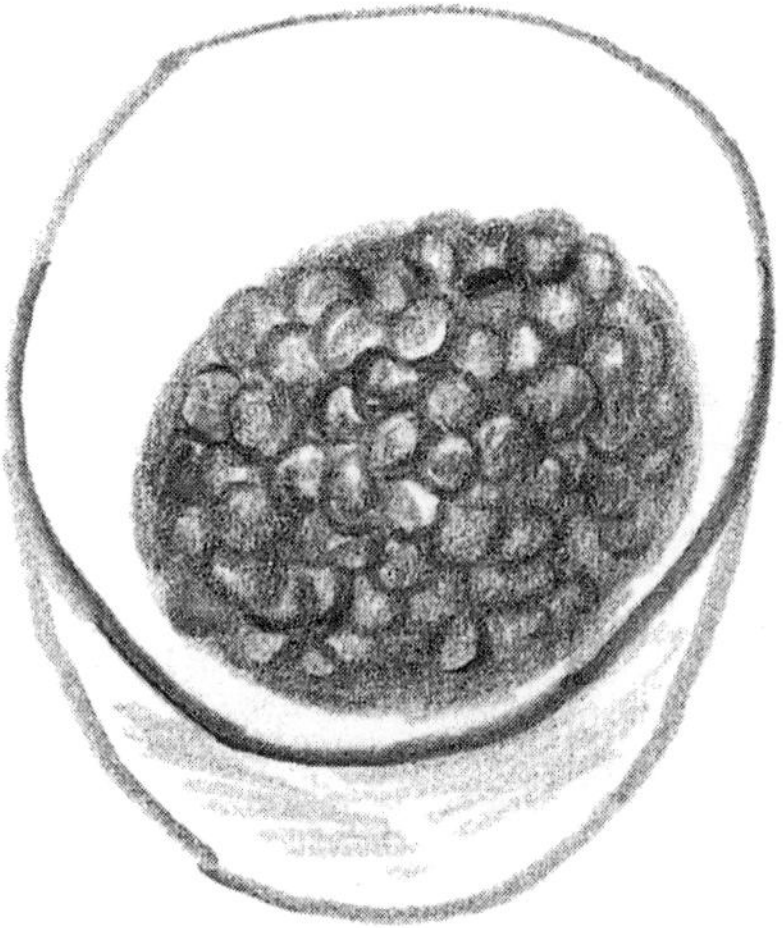

アボカドアンチョビ

アボカドは果肉のやわらかさが大切。よく吟味して選ぶ。皮の表面が少し黒ずんできたものがよいころあいの目安。

アボカドを切る。アボカドは1人2切れが目安。皿にもり、上からアンチョビフィレ2分の1本分をのせ、レモン汁をスッとしぼる。アボカドの色どめに、そしてピリッと味をひきしめるため。

メモ
おいしいアボカドのいちばん簡単なたべ方は、タテ2等分にし、種をとった穴にレモン汁をしぼり、しょうゆを少したらしてスプーンでけずり、まぜあわせながら。

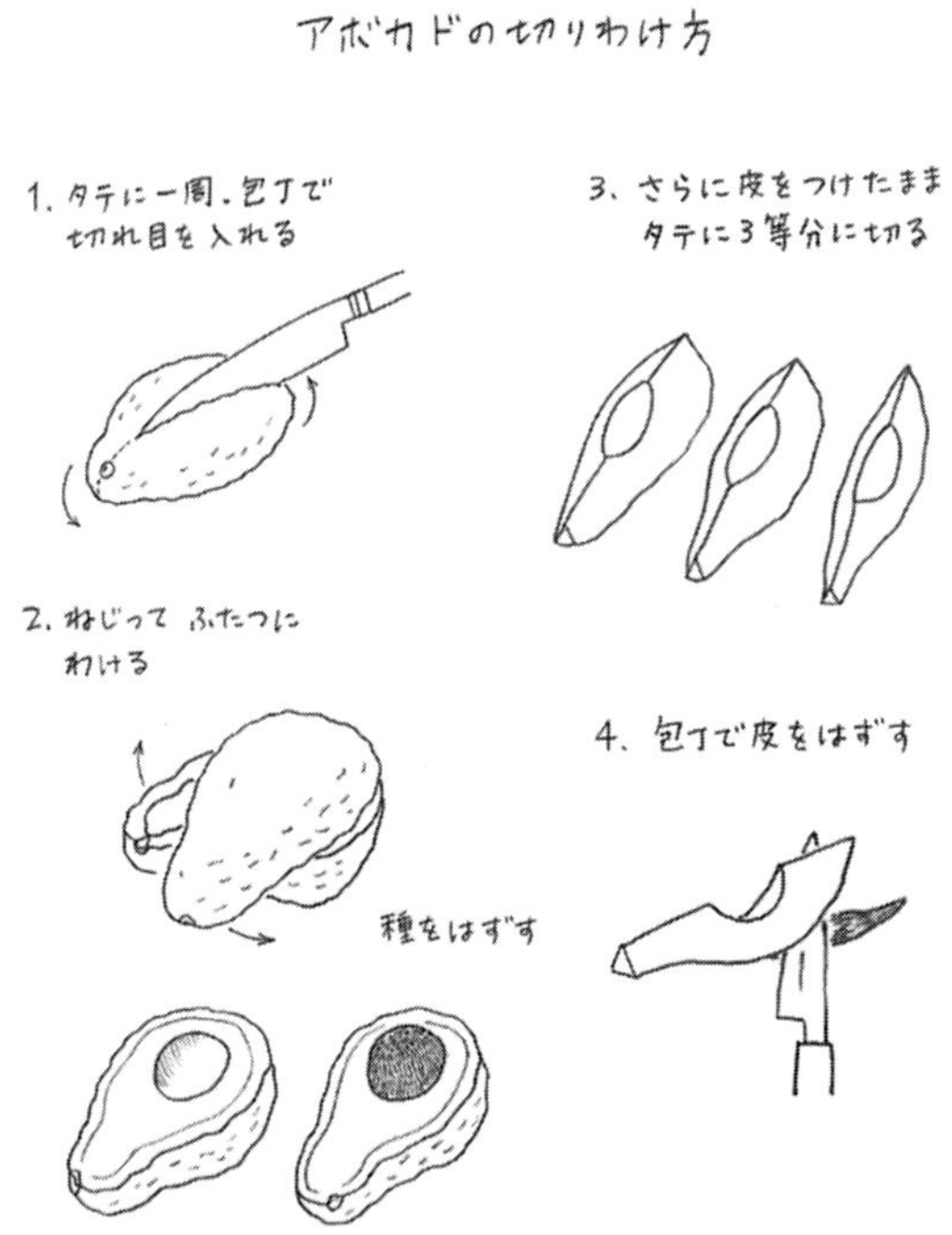
アボカドの切りわけ方
1. タテに一周、包丁で
切れ目を入れる
2. ねじって ふたつに
わける
種をはずす
3. さらに皮をつけたまま
タテに3等分に切る
4. 包丁で皮をはずす

小松菜のじゃこ炒め

小松菜は塩少々をいれた湯で、かためにゆであげる。水けをきり、3センチ幅くらいにざく切りにする。酒としょうゆの同割をつくっておく。
　フライパンにサラダ油をひき、中火にし、小女子をいれて色がかわりはじめたら強火にして、小松菜をくわえて炒めあわせ、しょうゆと酒の同割をまわしかけ、てばやく炒めてしあげる。うつわにもり、上からのりをちぎってのせる。

メモ
おいしくするための船田流おすすめは、ゆでるときは量をわけて、炒めるときにも量をわけて。なぜなら均一に火が入るから。手間をかけて、シンプルな材料をよりおいしく調理する。短時間で手早くつくると、ムダな水がでずにおいしくできる。そして、ボイルした野菜を炒めれば、油っぽくならず、かるいしあがりとなり、普段の炒めものとはまたひと味ちがったものとなる。

生牡蠣レモンペッパー

たまにはこんな殻あけ作業にも挑戦し、みごと開いた喜びをかみしめて、おいしいお酒をいただいてみては。

新鮮な生牡蠣は、殻ごと洗い、ぬれぶきんの上におき安定させてからあける（1人2個くらい）。

貝柱が切れると貝が上下に開くから、上面の殻をはずし、牡蠣の身についた殻の破片などをとりのぞく。レモンをそえ、黒こしょうの粗びきをふる。貝ごとを口にはこびツルッといただくと、プーンと磯の香りが口中にひろがり、思わず冷酒に手がのびる。「ウーン、うまい！」。

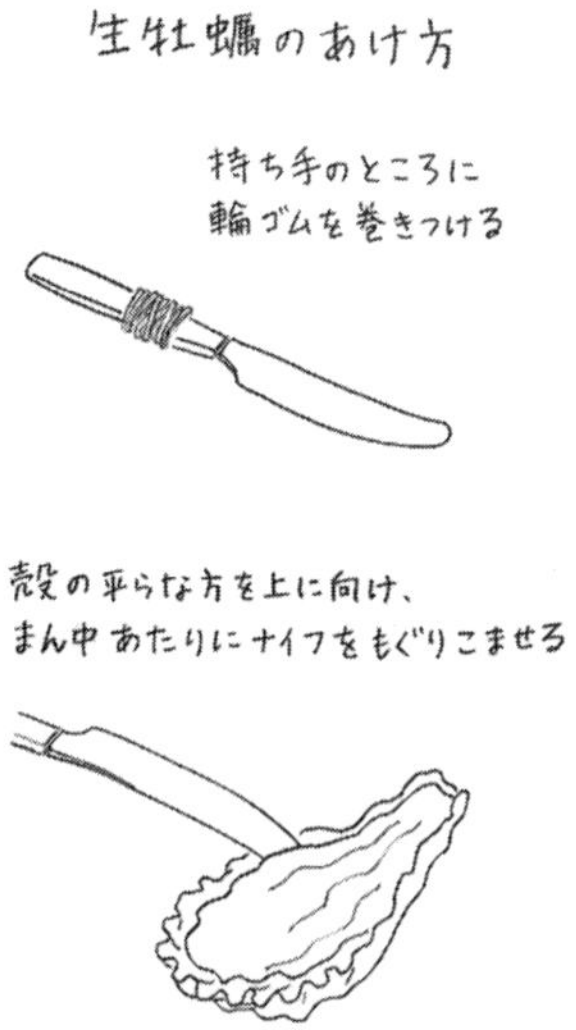
生牡蠣のあけ方
持ち手のところに
輪ゴムを巻きつける
殻の平らな方を上に向け、
まん中あたりにナイフをもぐりこませる

ボイル牡蠣の香味マリネ

マリネ液をつくる。

生姜とねぎのみじん切りを大さじ2ずつボウルにあわせて、ポン酢大さじ4、しょうゆ大さじ1、サラダ油大さじ1をくわえてよくまぜあわせる。サラダ油のかわりに好みでオリーブオイルでもよし。ごま油ならたかのつめをいれて中華風に。

牡蠣は塩水でサッと洗い、少しの塩をくわえた湯にいれ、プクッと膨らみまわりがチリチリとしてきたらあげて水きりをする。牡蠣をゆでるときは中火。強火で煮すぎるとおいしいエキスがでてしまうから要注意。粗熱がとれた牡蠣をマリネ液にいれ、15～30分くらい漬ける。

＊分量の目安　牡蠣3個が１人分

メモ　牡蠣のイロイロ

＊生食用…殺菌された牡蠣。水槽に2～3日入れて菌をなくす。この間は餌なしなので、その分牡蠣はやせて小さくなる。

＊加熱用…とれたままの牡蠣。菌は加熱すればなくなるので、熱をくわえる料理ならだんぜんこちらを使うのがおいしい。

つくね

大きめのボウルに鶏ひき肉250グラム、塩少々、酒大さじ1、水大さじ1をいれてよくまぜあわせなじませておく。そこへ、玉ねぎ2分の1個分のみじん切りをいれあわせ（肉と同じくらいの量が目安）、片栗粉大さじ3をくわえてサックリとまぜあわせる。つぎに、約4センチ直径のまるくて平たい大きさのつくねをつくり、サラダ油をひいたフライパンで両面を色よく焼きつけ、べつの皿にとりわけておく。

フライパンの油をふきとり、酒50cc、砂糖大さじ1、みりん・しょうゆ各大さじ2ずつをくわえて煮つめ、つくねをもどしいれタレとからめる。皿に2個もり、ちぎったレタスやピーマンの千切りソテーなどをそえる。ビールの欲しくなる味、そしてごはんのおかずにもなるひと品。

＊分量の目安　鶏ひき肉250グラムでつくね15個ほど

メモ

かつてのケータリングのときの人気メニューのひとつ。多めにいれる片栗粉がネットリとシットリ感をひきだす。立食パーティーのときには、つくねと炒めたしし唐を串に刺すと食べやすいので、女性にも子どもにも喜ばれる。

ぶり大根

ぶりは脂のある腹身をつかうとおいしい。切り身（1人1切れが目安）は2等分に切り、金物のボウルにいれ熱湯をかけ、身が白っぽくなったら湯をすてて、あらたに水をはる。水の中で、身についているうろこやよごれを手でとりのぞき、キッチンペーパーのうえにあげて水分をとる。大根の皮をむき、たべやすい大きさに切り（1人2個ほど）下ゆでをしておく。

船田流魚の煮汁をつくる（2対2対1対5の割合）

みりん：100cc　酒：100cc

しょうゆ：50cc　水：約250cc

ねぎの青いところと生姜スライスをくわえ煮たたせておく。

つぎにぶりをいれ、落としぶたをし中火で10分くらいコトコトと煮る。煮汁の半分くらいをほかの鍋にいれて、下ゆでした大根をいれ、ヒタヒタになるくらいまで水をくわえて（そのままだとこすぎるので）、煮たってから中火にし、15分ほど煮る。

うつわにぶりと大根をもりあわせ、青みにゆでたインゲンなどをそえ、上に柚子の千切りをもる。こすぎることなく、ぶりのうまみも感じる上品な炊きあわせ。ぜひ、燗をした日本酒とともに。

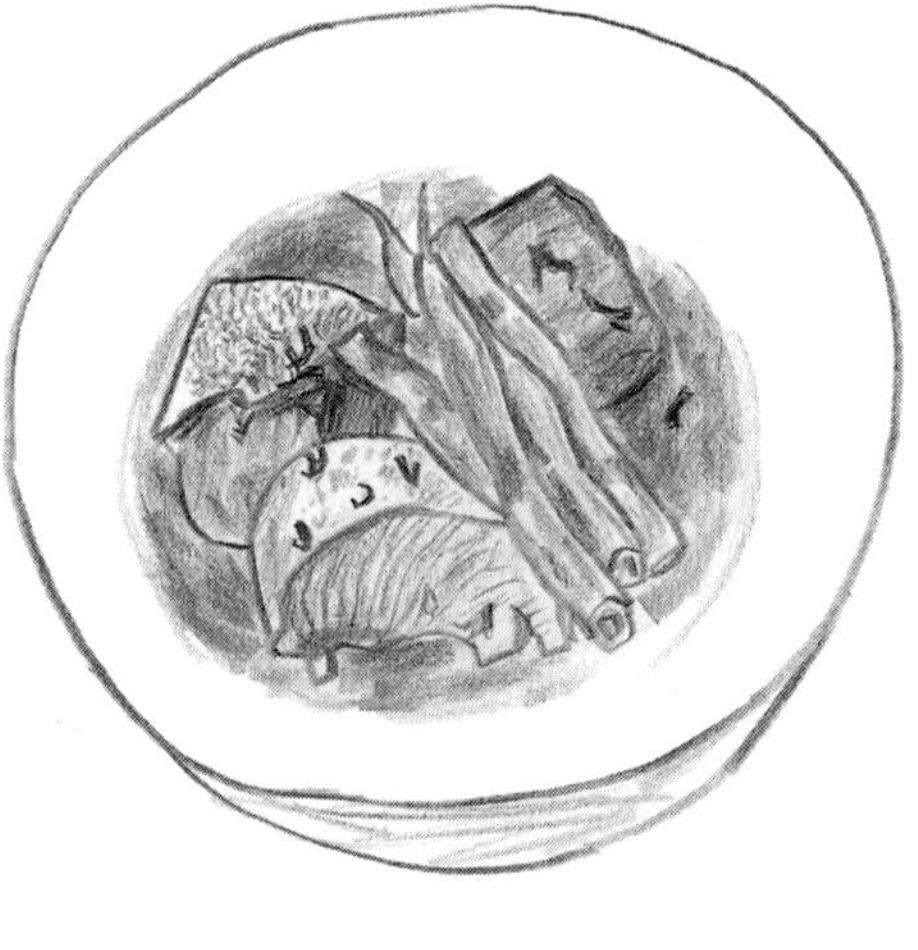

ねぎ牛

この発想は〝ねぎま〟から。まぐろのかわりにサーロインの上等の肉をつかいたい。単純でシンプルな料理がおいしい……ということは、いい素材をつかうということ。

まずつゆをあわせておく。

だし：200cc　しょうゆ：大さじ2　酒：大さじ2　塩：ほんの少し

サーロインのサイコロステーキを、さらにたべやすい大きさに切る。ネギを3～4センチの長さに切り、網で焼いておく。少しこげがあるくらいがおいしい。つゆをわかし、肉をいれサッと煮る。つぎに焼いたネギをかるく煮て、うつわに肉ともにもりあわせ、つゆをはる。

酒のつまみとなる素材に、甘みのつよいみりんや砂糖はつかわずに、酒をつかうのが船田流。

豆腐のソテー　揚げだし風

つゆをつくる（8対1対1の割合）
だし：大さじ8　みりん：大さじ1　しょうゆ：大さじ1

木綿豆腐は軽く水きりをし、ひと口大に切りわけ（8等分くらい）、片栗粉をまぶす。フライパンに多めのサラダ油をひき、強火で熱して豆腐をならべいれ、弱火にする。ゆっくりと6面をかえしつつ、ふたをしてジックリと焼く。ここであせらず、しみじみと揚げ焼くつもりで。

焼けた豆腐をうつわにもり、つゆをはり、大根おろしと白髪ねぎ、そして細ねぎの小口切りをパラリとちらす。好みで七味、一味、黒七味をふる。焼き揚げた豆腐の表面のモチモチッとした食感がいい。

サーモンの塩漬け

サーモンは刺身用の質のいいものをサクでもとめる。バットやうつわにいれ、グラニュー糖と塩の同割をふりなじませて、常温におく。サーモンの表面に水滴がでてきたら、うつわごとラップをして冷蔵庫にいれ、1晩おく。

後に水気をとり、保存容器にキッチンペーパーをしき、サーモンをいれふたをし、冷蔵庫で保存する。この状態なら1週間くらいはもつ。

玉ねぎのスライスを水にさらしてから水けをきっておく。サーモンは5ミリ幅にスライスし、うつわに玉ねぎのスライスとレモンをそえてもりあわせる。好みでオリーブオイルと白こしょうをふる。

冷酒や白ワインにピッタリなシャレた味。酒のつまみゆえ、飽きのこないくらいの量……サーモンはせいぜい1人4切れほどに。残ったサーモンは明日のサラダにまわしたり。

＊分量の目安　サーモンは小さめのサクひとつがつくりやすい量

生たらこのふくめ煮

　長さ10センチほどの小ぶりで、鮮度のいいたらのこをもとめる。長さを3等分に切り、指で内側を外へおしだすように（めくる感じ）しておく。たらこが崩れやすいので、先の細い箸でとりあつかうようにする。

「船田流あわせだし」（だし３００cc、うす口しょうゆ30cc、酒30cc）をあわせ、ひと煮たちさせていったん火をとめて、たらこをしずかにいれて弱火にし、おどらないよう火を加減しながらコトコトと煮る。しだいにつゆが透明になったらできあがり。フワーッと炊きあげて、フワフワっとした食感がたまらない。この火のいれ方がポイント。シアワセな味。

＊分量の目安　たらこひと腹

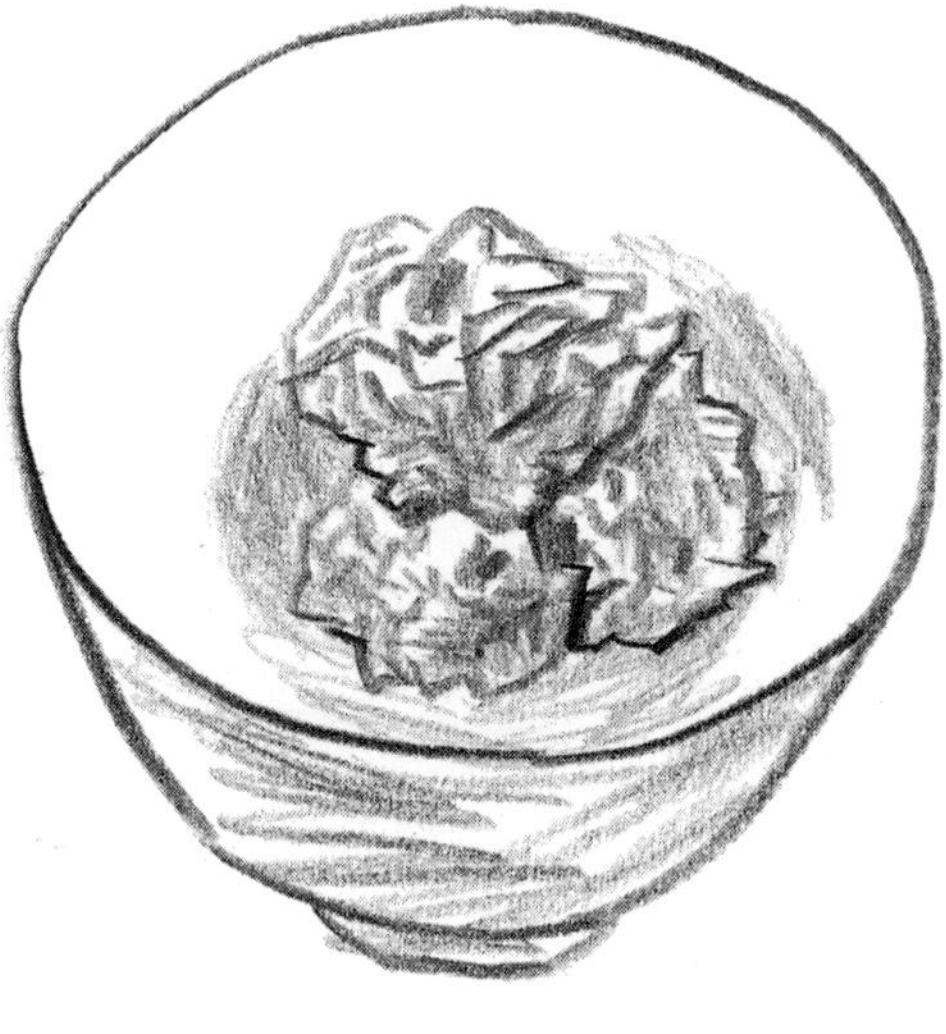

山椒しらたき

しらたき2分の1パック（100グラムほど）はざく切りにし、ゆがいて水けをきっておく。しらたき1パックに対して山椒の塩漬けは小さじ1の割合で。だし10対うす口しょうゆ1対酒1の割合の「船田流あわせだし」で、しらたきを山椒とともに中火で煮ふくめる。汁気が8割がた煮ふくまったくらいで火をとめてそのままさます。うつわにもりつけて、春ならば木の芽を手でちぎりもるか、全体にまぶしてもなおいっそう香りよい。冬なら上からゆずの千切りをもりあわせて。

しらたきのギリギリのうす味がなんともうまい。この比率がこの料理のポイント。山椒の実は塩漬けのもの、しょうゆ漬けのもの……と味によって調味に気をつけること。

175　山椒しらたき

牛肉とごぼうの炒め煮

あわせ調味料をつくる

しょうゆ：大さじ1　酒：小さじ2　砂糖：小さじ1　生姜汁：小さじ1

とろみをだすための片栗粉小さじ1と小さじ2の水

ごぼう1本をささがきにし、サラダ油をひいた鍋でかるく炒めて、ふたをして蒸し炒めにする。つぎにあわせ調味料の3分の1ほどをくわえる。

さらにのこりのあわせ調味料をいれ、まぜ炒め、蒸し煮にして、最後に牛肉のうす切り100グラムをくわえてあわせる。牛肉がまだ赤いところがあるくらいで水とき片栗粉でとろみをつけ、火をとめる。くれぐれも肉がぱさつかないようにする。うつわにもり、上から白髪ねぎをもり、好みで七味や黒七味をふりかける。

＊分量の目安　牛肉の薄切り100グラム、ごぼう1本がつくりやすい

さつま揚げからし味噌

ねりがらし大さじ1と白味噌（甘めの西京味噌）大さじ1をあわせて、さらに水大さじ1、サラダ油小さじ1、酢小さじ1をくわえてよくまぜあわせる。おいしいさつま揚げを温めて（レンジでも網焼きでも）たべやすい大きさに切り、色どりで、ゆでたインゲンや小芋といっしょに皿にもりあわせ、からし味噌をそえる。

焼酎がすすみそうな地味めなひと皿。

浅漬け白菜のたらこあえ

そんなにしょっぱくないくらいの白菜の漬けもの1枚をサッと洗い、ざく切りにして水分をしぼる。生たらこは腹からだし、ボウルの中で白菜といっしょにして手でよくあえて、できあがり。これを炊きあがったごはんにのせて、上からのりで巻きあわせると、よきごはんのともとなる。

からし明太子のねぎあえ

腹からだした明太子と白ねぎのみじん切りを同量にあわせ、おろしにんにくほんの少々、ごま油少々、半ずりの白ごま少々をまぜあわせ、皿に大葉を1枚しき、上にもりつける。これに納豆をあえてもおいしい。にんにく風味の料理なのでたらこよりもからし明太子のほうが、キムチ感覚であう。

ヌルヌル

市販の納豆昆布（がごめ昆布の細切り）に少量の湯をくわえてやわらかくし、サッとゆがいたオクラのスライスとかつお節少々をくわえてあわせる。あえてしょうゆはいれず、昆布の塩味でいただく。ネバネバヌルヌルをたのしむ。

ホットオイルサーディン

オイルサーディンは缶からだし油をきり、30秒ほど電子レンジで温める。上から塩昆布の細切りと白ねぎのみじん切りをのせ、レモン汁をかける。

お助けとりよせ品

とうふの味噌漬け

　とりよせて、小皿にもればできあがり。豆皿にほんの少し、このねっとりとしたこくのある塩辛さでもう1杯。たきたてごはんにのせてもよし。

五木屋本舗　熊本県球磨郡五木村丙635－3

電話0120－096－102　ファックス0120－3102－15

http://www.itsukiyahonpo.co.jp/

にしん山椒漬け

　身欠きにしん独特のはごたえを、山椒とともに味わう。小さなひときれを大切に味わいたい。

会津二丸屋武蔵亭　福島県会津若松市材木町2－8－18

電話0242－28－1208　ファックス0242－28－6938

http://www.aizunimaruya.com/

お酒のしめに

野菜のけんちん汁

1人前の汁の目安は、だし250cc、塩ほんの少し、うす口しょうゆ小さじ1。具材は、ごぼうはささがきにし、にんじん、油揚げ、干ししいたけは千切りにして、えのきは2等分に切る。木綿豆腐、そして青みの小松菜と白髪ねぎ。あればだしをとった後の昆布を千切りにしたもの。

オリーブオイルをひいた鍋に、すべての具材をいれ炒めあわせ、だし、塩、うす口しょうゆをくわえて煮る。アクをとり、具に火がとおったら、木綿豆腐を手でくずしながらいれ、最後に小松菜などの青みをくわえてできあがり。うつわにもってから白髪ねぎを天もりにし、好みで黒こしょうや黒七味、柚子こしょうをくわえる。

たくさんの具の歯ざわりとさっぱりとした絶妙な味加減がしめにふさわしい、満足感のあるひと品。ものたりないかたは素麺や、お餅をくわえて。けんちん汁の材料をオリーブオイルで炒めて、だしを少しくわえてシンナリさせた状態で保存しておくと、いつでもてがるにけんちん汁をつくることができる。べつの汁ものの具にもつかえるから便利。

のりすい

のり1枚が1人分の目安。
だし200cc、酒ほんの少し、しょうゆほんの少しをあわせガンガンに温めておく。お椀にちぎったのり1枚分と、針生姜をいれておき、熱々の汁をそそぎいれる。のりの香りがたち、ひと口飲むとそのしみじみとした味に思わず「おいしい−」のひとことがこぼれる。

メモ
〝のりすい〟よりもっと簡単なおつゆをひとつ。お椀にとろろ昆布と少しのしょうゆ、そして梅干をいれ、熱い湯をそそぐ。ホッコリしみじみな味。

タイグリーンカレーソーメン

市販のレトルトのタイカレールウをつかって、身近にある具（鶏のひき肉やなす、ピーマン、玉ねぎ、キノコ類など）をくわえてグリーンカレーをつくっておく。ソーメンは1人50グラムを目安とし、ゆであげて水にさらさず、水分をきり、グリーンカレーとあえる。

薬味茶漬け

小ぶりの丼にごはんをもり、中央にちぎった梅肉をおき、そのまわりに昆布の佃煮など3〜4品（たとえば、とろろ昆布、けずり節、のり、半ずりごま、じゃこ、生姜のすりおろし、きざみねぎ、大葉、みょうがの千切りなど）をちらし、熱い湯をまわしかけ、好みでしょうゆをひとたらしする。ごはんにかえて、細めのうどんでもおいしい。

おわりに

半年にわたったろうか……「火曜会」と称して週1回午後5時〜7時集合する。場所は船田さんの店「にぼし」。

長年のみつづけているけれど、これ以上にうまい酒の肴に出会ったことがないと気づいたときから、「船田流の肴」の本をつくらなければと思っていた。あくまでも自分もお酒好きな立場で、今宵の晩しゃくに役立つ、そして思わずヨダレのでそうな本を。写真を撮るとなるとそれだけで気分がそがれてしまうから、文字と絵だけのものにしようと決めた。されどこの気もちを共有できる人はとなると……ただひとり、絵描きの牧野伊三夫さんだった。

かつて仕事でのおつきあいからはじまり、いろいろな場所で出会うたびに、どうもおなじにおいのする人だと感じていた。それが決定的になったのは、ごいっしょした仕事が案外早く終了し、家に帰るには時間が中途半端だとかんじたとき。牧野さんも同じことを考えていたらしく、「銭湯でも行きませんか」と誘われた。

なにをかくそう銭湯好きの私にとって、のらないわけにはいかないお誘いだったし、それだけではぜったいに終わらなそうなにおいがあった。案の定、ひと風呂あびての気もちよさは、その晩のはしご酒のかっこうのスタートとなった。牧野さんのいきつけの店でのみながら、やっぱりこの人とはお酒に対する姿勢が同じだと確信した。そんな一件もあり、快諾をいただいたこの仕事は、仕事と称して毎週、明るいうちからのめるというしたごころも確実にあった。

1日5品、お品書きをいただいてのみながらの聞き書き、そして隣では色えんぴつ片手におあずけ状態で絵をかいている。のみながら仕事ができるなんて、簡単なことではなかったけれど、ひと口たべるとやっぱり確実にお酒に手がのびる。「うん、うまい……ゴクリ」を何度くりかえしたことか。

よくぞ毎週続いたものだと思うが、これも船田さんの料理があってこそ。はやくこの本ができないものかと、こころまちにしているのも本人たちだが、こよなくお酒を愛する友へ、この本をおくります。

さくいん

野菜

豆腐・豆・こんにゃく

肉

文庫版あとがき

今年も暑い暑い夏がすぎようとしています。どこかほっとしながらも、この夏から秋へのうつろいは毎年さみしい気分になるものです。

日暮れは早くなり、このあいだまで明るかった時間にあたりはもうすっかり暗くなる。今晩はなににしよう、冷蔵庫のなかの食材を思いうかべながら家路をいそぎます。夏のおわりの昼間はまだ半袖でも充分なのに、夕方になると急に肌寒くなる。いそぎ足の背中にひゅるっと冷たい風がふき、首筋がひんやりとする。「おっ、きたね」と今年も思うのです。このときが私にとっての秋到来。「今晩は熱燗解禁だ」あたたかい日本酒にあう献立を考えなくちゃ。家には豆腐となすはあったから、なすのマリネと炒り豆腐にでもしようか、秋のお印に銀杏くらいは奮発してみよう。

いくらか重かった足どりが、にわかに軽くなる。秋には秋の食卓のしつらえがある。まずはの乾杯に、今晩は熱燗。お気にいりのぐい呑みを用意しよう。銀杏はトンカチでたたき割れやすいようにする、小鍋に塩をいれ銀杏を加えるて焦げないようにゆらゆらゆら揺らして炒りつける。ぱちぱちと殻のはぜる音がしたらできあがりの合図。好みの格子柄の小皿に、塩とともにうっすら茶色に炒りあがった銀杏を盛る。

こういう風情のある季節のひと皿はどれも、船田さんに教わりました。夏なら夏で、焼きしめの皿は水をとおして涼やかにする、寒くなれば土ものの器につゆをはった煮物。あたたかそうな湯気と柚子の香りは心身ともに温まる。料理は味ばかりじゃない、目で楽しむものだということを。そういえばあまり好きじゃなかった塩焼きの魚のおいしさと、きれいに食べ終える酒呑みのマナーも学びました。


高校卒業後初めての同窓会の日に、ずっとあこがれていた店「ぽんぽん船」に行きました。これがいわゆるお酒をのむ所、飲み屋への始めの一歩でした。たまたまそこのおかみさんが船田さんだった。船田さんとの出会いも、お酒とのつきあいもここから始まったというわけです。

思えば四十年にも近い年数がたちました。初めての時以来、足しげく通うようになった店では、お酒の飲みかたばかりではなくそのおいしさとおいしい時間、そして集まる人生の先輩たちとの会話は、自分の進むべき道や仕事の相談相手にもなり、いつしか独り立ちしての生活の慰めや励みの場にもなりました。時がたち、環境の変化、そして船田さんの店自体も場所がかわり、店名も「にぼし」となりました。

裏は自宅で入り口は店というシンプルなつくりのモダンな店。ひとりでなんでもできる気丈な人、めんどくさいことは大嫌いだから、なかなか納得のできる助っ人がいない。だからひとりでがんばる。そしてお酒好きだから休肝日なんてなかった。

ある日電話がきて「いやあ、みどり、倒れちゃったよ」って報告です。いやいやしゃれにならないよ。たまたま発見が早かったから、元気に復帰できたのだという。その病気疲れと反省もあり、しばらくは店も休業していた。久々に会った船田さんは少し柔和な顔になり、昔の勢いのいいしゃべりかたは人並みにやさしくなり、むしろほっとしました。まだ疲れやすいから少し休養して充電するということでした。元気のない船田さんなんて見たことがなかったから少しさみしい気もしたけれど、早く元気になるようにと願っていました。

夏の終ろうとしている日、また突然の船田さんからの電話がありました。まずはとても元気な声なのでひと安心。

そろそろ店始めようと思うんだ、と。休養中にいろいろと考えたんだけど、もう夜までの仕事は体が辛いから昼間だけの店にする。ということは昼間からお酒ってことはないから、昼の定食屋でも始めるのかと問えば、「いやいやみどり、今はパンケーキだよ」と言う。えっ、なになに誰がパンケーキで誰が焼くのだとまた聞けば、船田さんがいま練習してるというから思いっきり笑ったのでした。おいしいお茶とパンケーキの店、その名も「カフェにぼし」。いやあ、船田さんが元気でよかった。

カフェかあ……と思わず思い出し笑いをしてしまうけれど、きっと船田さんなら船田流の店になる。どこよりもおいしいパンケーキを焼いちゃうにちがいない。

元気になったところで最近のお気に入りの酒のさかなは何？　と聞いたら、翌日さっそく元気な文字（船田さんは筆も得意で達筆）のファックスが届きました。

最近再認識したもの「マグロの味噌漬け焼き」。

オーソドックスでなぁーんだと思うけど、こういう料理が一番飽きないと思う今日この頃です！

酒のさかなに、ごはんのおかずに、弁当にいれてもOK。

材料は、刺身ではちょっと脂が多すぎる中トロ以上大トロでも。味噌は普段使いの田舎みそ（赤みそ）。

安いトロのサクがみつかったら2センチ幅（刺身より厚め）くらいに切って、

好みの味噌を酒でのばして（味噌大さじ1同割の酒で）指で切り身にぬりつけ、保存容器に入れて一晩冷蔵庫へ。

翌日指で味噌を落とし、魚焼きグリルにアルミホイルを敷いて切り身をのせて6〜7分色よく焼けばＯＫ。

酒のさかなに2〜3切れで。酒が2〜3本呑める。

脂が多いので、冷めてもパサつかないから弁当用にもよい。大根おろしを添えて、ごはんのおかずにもなる。きどった西京漬よりも実用的で安価。冬に脂ののった寒ブリでつくってもおいしいと思う。

いかが？

２０１４年　秋の日に

この本は二〇〇七年五月十八日、株式会社メディアファクトリーから刊行された。

ちくま文庫

酒《さけ》のさかな

二〇一四年十一月十日　第一刷発行
二〇二五年　三　月十五日　第二刷発行

著　者　高橋みどり（たかはし・みどり）
発行者　増田健史
発行所　株式会社　筑摩書房
東京都台東区蔵前二―五―三　〒一一一―八七五五
電話番号　〇三―五六八七―二六〇一（代表）
装幀者　安野光雅
印刷所　株式会社精興社
製本所　株式会社積信堂

ISBN978-4-480-43225-4 C0177